星河落人间

何楚涵

—— 著

江苏凤凰文艺出版社
JIANGSU PHOENIX LITERATURE AND
ART PUBLISHING

果麦文化 出品

[明]唐寅《红叶题诗图轴》

  唐伯虎擅长画仕女图,题材有宫妓、歌女、丫鬟等。他的仕女图有着浓重的市井气息,画中的女子要么弱不禁风,楚楚可怜,要么醉意朦胧,眼神惆怅。(出自本书《唐伯虎:佯狂背后的洒脱》。)

［宋］郭忠恕《临王维辋川图》

　　王维曾经画过一张辋川别业的全景图，但后来失传了，现在我们看到的《辋川图》都是后人的摹本，从这些摹本中，我们依然可以看出当年辋川别业的图景。（出自本书《王维：素淡中见真章》。）

[宋]王希孟《千里江山图》

　　相传王希孟是宋徽宗的亲传弟子,十八岁就画出了惊艳世人的《千里江山图》。(出自本书《宋徽宗:最有情趣与艺术气质的皇帝》。)

[宋]宋徽宗赵佶《瑞鹤图》

宋徽宗用平视的视角,让仙鹤遍布空中,二十只仙鹤每一只都不一样,下面的宫殿对称端正,而上面的仙鹤灵动至极,所以整幅画"静中显动,动中留静",宛若天成。(出自本书《宋徽宗:最有情趣与艺术气质的皇帝》。)

[唐]冯承素《兰亭集序(神龙本)》

王羲之的《兰亭集序》全篇字字遒劲,文中用了二十个"之"字,每一个都不一样,飘逸灵动,姿态万千。(出自本书《王羲之:琅琊才子,兰亭惠风》。王羲之的真迹已失传,唐代冯承素的版本临摹被普遍认为是最接近正本的摹本。)

序

中华文脉，悠悠千载，那些群星闪耀的时代，那些历久弥新的作品至今光照人间。而这一切的背后，是一个个诗意的、潇洒的生命。这些生命既是落入人间的流星，闪耀了无数人的旅途，也是润泽万物的涓涓细流，共同汇成了我们这条华夏文明长河。

一年多前，我开始动笔写作这本书。从先秦至唐宋，再抵达明清，最终我精心挑选了二十五位历史人物，通过撰写他们的小传，深入剖析其代表作，试图走进这些诗人、艺术家和思想家的心灵深处。尽管我曾在短视频平台分享过其中部分人物，但受限于时长，许多故事未曾详尽。如今，终于有机会将这些遗憾一一弥补。在重新描绘这些杰出灵魂的过程中，我也再次受到了他们的感染与洗礼，每一次写作都犹如跟古人面对面地倾心交谈，他们跌宕的人生经历，他们酸甜苦辣的生活，他们勇于拼搏、追求美好的心性，无一不让我感动。无论是"坐看云起时"的王维，"天生我材必有用"的李白，还是"一蓑烟雨任平生"的苏轼，他们既是闪耀的"明星"，也是我们身边的普通人，只是他们独具匠心，在琐碎的日常中，活出了生命的诗意与远方。

借助这本书，我有机会跟大家一起重温经典，重新共学一次"大语文"课，我很荣幸。语文之所以好学，是因为它就是我们自己的生活，从牙牙学语到书写文字，我们无时无刻不在跟语文打交道。语文不好学，因为它不是单一的学科知识，而是历史、地理、科技、艺术等各领域知识的汇集，这也是语文真正的魅力，它有丰富的多样性和深厚的文化内涵，蕴含了中国人千百年的智慧与情感。所以，书中涉及诗词、历史、哲学等方面的知识，我竭力以富有趣味、融通的方式呈现给大家，旨在为读者们提供一种全新的、轻松的阅读体验，让大家在享受阅读乐趣的同时，也能够领略中国古典诗词的韵味，感受历史的波澜壮阔，探寻人性的深邃世界。

这本书从去年三月份开始动笔，直到今年四月才完成。这一年多的写作，于我而言，是一场身与心的修行。其间，我经历过为历史事件的准确性而查阅大量资料，经历过为一个句子的合理表达而反复推敲。正是这些琐碎而繁杂的工作，让我更加深入地理解了华夏文明的博大精深，也让我更加珍视这场与文字的邂逅。所以，这本《星河落人间》不仅是我对中国优秀传统文化的致敬，更是我个人的一次成长。在与这些闪耀"明星"们的对话中，我学会了如何更好地将思想转化为文字，如何透过历史事件来洞察复杂的人性，更重要的是，我学会了如何用心去感受每一个历史人物的情感与智慧。没有人能随便获得成功，更不可能轻易流芳千古，这些经过大浪淘沙留下来的风云人物故事和他们的艺术作品，都能从不同角度映射出中国人坚韧、谦逊、自强不息的精神和人格品质。

此刻，当您翻开这本书时，我希望您能感受到我对中国优秀传统文化的热爱与敬意。这本书不仅是一本知识的汇编，更是一扇通往传统文化的时空之窗，是我与您分享的一场文化与心灵的盛宴。在阅读的过程中，或许您会被某段文字所触动，或许您会在某个历史人物的故事中找到共鸣，这些都是中国优秀传统文化在我与您之间，搭建的可以进行心灵交流的桥梁。

最后，我要感谢所有给予我支持和鼓励的人，特别感谢出版过程中每一位伙伴的付出，是大家的陪伴与帮助，让我顺利完成了这本书。现在，让我们共同开启这场诗意的旅程吧！

何楚涵

2024 年 4 月 17 日写于北京定福庄

目录

孔子：圣贤因何而伟大　　　　　　　　001

孟子：儒家理想国的诗意追寻　　　　　012

老子：《道德经》的智慧　　　　　　　019

庄子：《逍遥游》的精神美学　　　　　035

曹操：一代枭雄的文采与诗情　　　　　048

嵇康：把生命活得兴高采烈　　　　　　058

阮籍：看清生活的真相，依旧热爱生活　071

王羲之：琅琊才子，兰亭惠风　　　　　082

王维：素淡中见真章　　　　　　　　　094

李白：浪漫天才的孤独　　　　　　　　107

杜甫：深情的现实主义大师　　　　　　119

刘禹锡：虽居陋室，惟吾德馨　　　　　134

李煜：千古词帝的深情与无奈　　　　　　　141

范仲淹：不以物喜，不以己悲　　　　　　　152

欧阳修：从泥泞中走出的千古圣贤　　　　　164

苏轼：一蓑烟雨任平生　　　　　　　　　　179

李清照：风雨中做自己的光　　　　　　　　195

宋徽宗：最有情趣与艺术气质的皇帝　　　　207

唐伯虎：佯狂背后的洒脱　　　　　　　　　218

王阳明：知行合一的智慧　　　　　　　　　233

汤显祖：情不知所起，一往而深　　　　　　248

蒲松龄：三生有幸落孙山　　　　　　　　　259

吴敬梓：人生南北多歧路　　　　　　　　　270

纳兰性德：我是人间惆怅客　　　　　　　　280

龚自珍：狂狷之士，未竟的忧国之梦　　　　293

孔子：圣贤因何而伟大

中华文化几千年来生生不息地
创新性继承，这是中国文化的独创，
也是中华儿女的骄傲，
而这一切，孔子有大功劳。

―― 01 ――

其实在写孔子之前,我思考了很久,孔子的故事并不好讲。

一说起孔子,我们大家都知道他是中华文化史上最重要、最伟大的人物之一,是圣贤,是万世之师。但如果更具体一些,问孔子为什么这么重要,为什么这么伟大,很多人却是不甚了解的,甚至还有人会心中有疑惑——孔子真的有这么伟大吗?

其实我们说孔子伟大,并不是说他是一个多么厉害的神人、圣人,恰恰相反,孔子的伟大之处在于,他跟我们一样,是一个生活在普通人当中的圣贤之人。所以,孔子的学问,以及由他开启的儒学,本质上来说,就是教会我们普通大众,如何才能成为一个真正的人,而这也是儒家学说的核心要义和精神。

―― 02 ――

孔子的祖先本来是周朝的宗室,但是后来他的家族逐渐衰落了，由宗室到公卿，由公卿到大夫，孔子的六世祖孔父嘉在一次政斗中被杀害，于是，孔子的家族彻底失去了公卿之位。

孔子的父亲叔梁纥是有名的大力士，《孔子家语》里记载：叔梁纥先后娶过三位妻子，第一位妻子给他生了九个女儿；第二位妻子虽然给他生了一个儿子，但这个儿子的脚有残疾；孔子的母亲颜氏就是叔梁纥的第三位妻子。而这位妻子还比较特殊，司马迁在《史记·孔子世家》里记载："纥与颜氏女野合而生孔子，祷于尼丘得孔子。"司马迁这句话里透露出两个关键信息：首先孔子的父母是"野合"生下的孔子，说明颜氏并非明媒正娶。二是孔子名字的由来，叔梁纥遇见颜氏之后，就在尼山祈祷，这次一定要生个儿子，果然颜氏后来生下了孔子，所以孔子，名丘，字仲尼。仲就是排行老二，因为他上面还有一个跛脚的哥哥，尼就是尼山。

小时候的孔子是个可怜的孩子，三岁丧父，十七岁丧母，由于他父母的结合不符合当时的礼仪规范，所以孔子从小也不被周围的人接受。

十九岁的时候，孔子自己也结婚了，二十岁的时候孔子才入仕，做过一些官职不高的小官，比如"乘田"（管牛羊），"委吏"（会计）等。大概三十岁之后，孔子就退出仕途改为授徒讲学了。五十多岁时，孔子再次出山，从一个小县邑干起，一年不到就成了大司寇，在促成鲁定公和齐景公的夹谷之会后，孔子还成了鲁国的国相,这是孔子在政治上的高光时刻。之后,孔子因"弱私家、强公室"推行不畅而受到排挤,无奈辞官,带着弟子们开始周游列国。六十八岁的时候,他游了一圈又回到鲁国,写下传世巨著《春秋》。五年后,孔子走完了他波澜起伏的一生。这就是孔子大致的生平经历了。

──── 03 ────

那接下来我们就要探讨,为什么孔子能够成为"圣人",或者说成为"人"之典范呢?

孔子出生的春秋末期,是周天子威望渐失,各诸侯国各自为政,社会秩序极其混乱的时期,也是我们所知的中国历史上第一个"礼崩乐坏"的大乱世。

自从武王伐纣,分封诸侯之后,周公旦制礼作乐,创建了有名的西周盛世。当时文化的优美,至今仍为人称赞,那这么优美的礼乐文明为什么会崩溃呢?其实这个问题,也是春秋时期诸子们苦思求解的主要问题。周王朝的社会制度主要包括封建宗法制和分封制。宗法制度是周朝社会的重要组成部分,人们被分为不同的宗族,家族地位和权力都是通过血缘关系来传承的,我们可以简单粗暴地理解为一代富,代代富,一代穷,代代穷,社会阶级之间的通道几乎是闭合的。而分封制就是帝王把国家领土划分为一块一块的,然后分给贵族和官员来管理,而这种分配依据,说到底还是以血缘亲情为主。

那再回到"礼崩乐坏"的问题上来,周朝最后的结局,为什么是社会秩序和礼乐文明都崩溃了呢?当时社会流行的主要思潮,有墨家、道家和儒家。墨家认为,动乱的根本在于秩序本身就有问题,特别是这种逐级的分封制,把人分成三六九等,这才是直接导致贫富差距和社会阶级矛盾的关键,所以墨家主张兼爱、非攻、平等、互爱。而道家则认为,无论是"礼"还是"法",那都是对人性的束缚,道家主张摒弃礼乐的束缚,摒弃烦琐的社会规则和仪式,回归自然,追求内心的虚无和清净。我们可以发现,墨家和道家的关注点都在礼法结构上,而儒家跟这两家都不一样,孔子认为"礼崩乐坏"的原因,不在社会制度或社会结构上,而是在于"人"——周朝的宗法制和分封制,从根本上来说,都是依靠血缘亲情来维系的,那几代之后,这种血缘亲情自然是日久而弱,地远而疏,各诸侯逐渐不敬天子。所以孔子主张恢复西周社会的礼乐制度,他认为礼崩乐坏的重点,不在于检讨社会结构,而是希望通过教育和修养,使人们能够自觉遵循礼乐的规范,实现社会的和谐与秩序。

孔子以他一生的自省与实践,以亲身来证明,每个人都可以具有这种内在的动力,而这个动力的源泉就是孔子倡导的"仁"。

"仁"也可以说是人之所以为人最重要的本质,是人性当中最本质的东西。孔子也因此开发出以"仁"为核心的人格教育,创建了以"仁"为核心的文化传统。

所以我们今天说中华文化的传统,应该包含两个方面,一方面是外在的"礼"传统,另一方面是内在的"仁"传统,两方面结合在一起才是完整的中华文化传统。这也可以解释,为什么孔子在中华文化发展史上的地位如此重要,可以说是因为孔子,中华文化才形成了以修身克己和人格养成为主的"仁"文化传统,这样看来,孔子的确称得上是"圣人",或者"人"之典范了。

04

孔子作为万世之师,他到底教给了我们什么?

孔子是中国历史上第一个倡导教育平等的人,古代只有贵族可以享受教育,而孔子率先把教育的机会向平民开放了。一般我们都会说,孔子是"述而不作"的,但是也有人说孔子其实是"以述为作"。其实孔子的做法包含了这两层意思,所谓"述而不作",指的是孔子全盘继承了周公的礼制,不像墨家、道家对周朝社会制度有诸多的质疑。而"以述为作"就是指孔子并非对周朝礼乐制度一成不变地全盘接受,而是秉着关怀人性本质,也就是"仁"

的前提，对旧礼制进行"创造性继承"。

所以我们也就理解了为什么孔子在《论语·为政》中会说："殷因于夏礼，所损益可知也；周因于殷礼，所损益可知也；其或继周者，虽百世可知也。"这段话是什么意思呢？就是说殷商是承袭夏朝而来，商朝所实行的治天下之礼，有继承也有代替，这是我们知道的；而周朝又是承袭商朝而来，周朝所实行的治天下之礼，有继承也有代替，这也是我们知道的。那么，后世看今天，就跟我们今天看往昔一样，后世将继承周朝之礼，这种沿袭哪怕过了一百代，依然可以推测出来。

孔子为什么这么自信，他可以预知几千年之后的事情呢？这里孔子提出了一个重要概念：损益。就是增减、兴革的意思。我们有没有发现，历朝历代，各个国家的制度，在治国原则、意识形态和行为规范等方面，虽然存在不同程度的差异，但国家制度的作用，为民众增益人生福祉这个原则是不变的，而人性也是不变的。所以关于人的最基本和最普遍问题的知识，永远也不会过时。这就是所谓的"以人为本"，也是人文精神的核心所在。孔子开发出来的这种"以人为本"的精神，使得我们中华文化一直是一个强调和谐、包容，能与时俱进的文化。其实这也从另一个层面解释了，为什么几千年来，虽然战乱频繁、朝代不断更迭，中华文化的脉络却一直没有断裂，就是因为中华文化的发展，一直都是同一个文化体在生生不息地创新性继承，而不是用一个文化体来取代另一个文化体,这是中国文化的独创,也是我们中华儿女的骄傲,而这一切,孔子是有大功劳的。

———— 05 ————

既然孔子为我们开发出来了人性当中相当珍贵的一个创造性动力——"仁",那么孔子自己又通过哪些示范,来让我们去体会"仁"之为用呢?主要有三个方面。

第一个方面,孔子把原本具有人格神意味,能够赏罚的"天"予以人文化了。在夏、商、周时代,天被认为是世界的主宰,是一个有意志的人格神,类似于西方的上帝,天不仅决定着个人的生死,还主宰了人的命运。而孔子虽然保留了"天"的名义,却把原本属于"天"的内容转移到了人的身上,也就是说,之前人们一直强调的天的创造性,就变成人的创造性了。所以我们会发现在《论语》中,很多句子里的"天"可以被理解为"自我、良心"的意思。比如说:"吾谁欺?欺天乎?"意思就是:我骗谁呀?我还能骗得过自己的良心吗?再比如:"五十而知天命。"这个"天命"的意思也就是说,人到了五十岁才知道个人的命运,哪些是自己可以做的,哪些是自己做不了的。

那孔子让我们体会"仁"之用的第二个方面,就是重新诠释了君子和小人的概念。君子和小人原本指两个社会阶级，所谓君子指的是贵族阶级，他们是社会的管理阶层，比如天子、诸侯、大夫都是君子。而小人指的就是平民，他们是被管理的阶层。古代这两个阶级都是世袭制，也就是说，贵族永远是贵族，而平民永远都是平民，社会阶级之间跨越的通道几乎是关闭的。但随着时间的推移，社会和政治环境发生了巨大的变化，贵族阶层逐渐衰落，中产阶级逐渐兴起，于是，在贵族和平民这两个阶级之间，出现了一个不上不下的身份，叫作"士"，"士"主要由文化贵族之没落者与平民之获得知识才艺者构成，孔子就属于这一类。

士阶层构成了当时社会最具特色的部分，它上达贵族，下通平民，而士本身又抽离于这两个阶级之外，于是孔子就依照做人的理想，将士诠释为一种人格修养。这样一来，君子就成了具有人格修养的人，而小人则指没有接受人文教育，还不具有人格修养的人。这样一来，孔子就把君子和小人，由原来的社会阶级概念，转变成了人格修养概念。我们再把君子和小人放到《论语》中来讨论，比如："君子坦荡荡，小人长戚戚"，"君子和而不同，小人同而不和"。这里面的"君子"和"小人"，其实就是指受过教育和未受教育的人。正是孔子的这种全新的转化与诠释，使我们中国人普遍以修身养德为重，而中国社会也普遍敬重人格高尚的君子。

孔子让我们体会"仁"之用的第三个方面，就是把中华文化从以种族为区分的标准，转化成以文化来区分。一般我们讲到华夏民族和夷狄，总容易认为华夏是中原民族，而夷狄是边疆民族，这样的区分主要是以地域和血统来划分的族群观念。而孔子却打破了这种区分标准，他采用的是一种以人格修养为标准来区分华夏民族和夷狄民族的方法，具体而言，孔子认为经过人文教化的族群，就可以称之为华夏，反之就称为夷狄。孔子一生中唯一的一部著作《春秋》，就是一本表彰义道、人道和王道，而落实为华夷之辨的大书，就是我们所说的"尊王攘夷"。中华民族之所以是中华民族，跟人的血统、肤色、地域、职业和阶级都没有关系，只跟是否经过人文教化有关。

孔子这种区别于血统、地域的民族主义，我们可以称之为"文化的民族主义"，而这种特殊的民族主义，就是孔子《春秋》的大义之所在，也是中华民族几千年来，之所以能成为包容、开放的文化体的根源之所在。

比如，《春秋》中有一条重要的脉络，在春秋初期，孔子"尊王攘夷"的民族大义任务，是落在齐桓公身上的，齐桓公率领北方各诸侯抵抗南方的侵略者楚国，所以当时楚国被判为夷，而北方的各诸侯则是诸夏。但是到了春秋中期，楚国已经内化了。这个时候新的侵略者是西方的秦国，当晋文公率领东方诸侯抵抗西方的强秦时，秦国又被视为夷狄，而楚国则由夷狄转变为诸夏之一了。可见孔子判定华夏和夷狄的标准，的确跟血统和地域无关了。

我们总结来看，孔子对中华文化最重要的贡献在于开发了"仁"的传统，具体来说主要包含三个方面的内容：第一，孔子把原本具有人格神意味，能够赏罚的"天"予以人文化了，开创了以仁为本的良心教。第二，孔子重新诠释了君子和小人的概念，这一对社会阶级概念，转变成了人格修养的概念。第三，孔子把中华文化从以种族为区分的标准，转化成以文化来区分。这就是孔子对中华文化最大的贡献，他发现了"人"，彰显了人的价值，开发出中国以"仁"为本的文化传统，也因此，孔子当之无愧是"伟大的圣人"。

孟子：
儒家理想国的诗意追寻

他自始至终都在用
"富贵不能淫，贫贱不能移，威武不能屈"
诠释什么是真正的"大丈夫"。

01

孟子出生于周烈王四年（约公元前372年），名轲，字子舆，邹国（今山东邹城）人。孟子是继孔子之后儒家学派最著名的代表，孔子被后世称为"圣人"，孟子则被称为"亚圣"。

孟子出生不久，他的父亲就去世了，为了方便缅怀父亲，孟母就把家搬到了孟子父亲的墓地附近。小孟子每天就和邻居家的小孩们一起，学着大人跪拜、哭嚎的样子，玩起了办丧事的游戏。孟母觉得这居住氛围太不适合孩子成长了，于是她带着孟子搬了家。

母子俩搬到了一个热闹的集市附近，生活非常便利，但孟子又学着人家小商贩一边吆喝，一边贩卖货物。孟母对此十分担忧，集市鱼龙混杂，还不如住在墓地附近呢。于是她带着孟子再次搬了家，住到了学宫附近，这一次，孟子开始跟着学堂里的先生学习礼节和诵读。孟母认为这才是孩子应该居住的地方，就在这里定居下来了。这就是历史上著名的"孟母三迁"的故事。

然而，除了三迁之外，孟母还有一个教子有方的故事，那就是"孟母断织"。在《列女传》中记载，孟子入学堂读书之后，非常贪玩,有一次他甚至逃学回家,在院子里和小伙伴们玩得不亦乐乎。孟母看到这一幕,十分恼火,她回家抄起一把剪刀,直接把自己刚织好的布,咔嚓一下剪成两段。孟子从来没见过母亲发如此大火,顿时有点害怕,就问她:"母亲为什么如此生气?"孟母转过身,眼神坚定地看着孟子,说:"你看,这布原本可以成为一匹美丽的布匹,但因为我剪断了它,它就永远无法完成了。学习也是如此,如果你现在放弃了,那么之前的努力都将白费,以后可能就不免于做辛苦的劳役,而且很可能会有祸患。"也就是说,如果你现在吃不了读书的苦,以后就要吃生活的苦。

孟子被母亲的话深深触动,从那以后,他开始自律,坚持学习。其实孟子小时候,跟很多我们现在的孩子一样,顽皮,爱模仿,不爱学习,但是孟母在对孟子教育上的远见,不仅塑造了孟子的性格,也为他日后成为儒家大师奠定了基础。

02

孟子早年跟着孔子后代孔伋的门人学习,所以孟子自然而然地从自己老师那里继承了孔子的儒家思想,并在此基础上发扬光大。

孟子生活的战国时代,是中国历史上一个社会大变革、文化大转型的时代。当时周王朝已经衰微,诸侯争霸,战争频繁,社会动荡不安，人民饱受战祸之苦。但同时，社会生产力有了很大发展，社会物质财富增加了，人们的精神生活也相对丰富起来，各种思想流派应运而生，百家争鸣的局面出现了。

因此，孟子在青年时期，为了拜访不同的名师，曾到各地游学，一边学习，一边传播自己的思想主张。其实孟子周游列国，他内心怀揣着一个崇高的使命，他要寻找一位合适的统治者，来建立和平的天下，因为他深信只有通过仁政，才能实现天下的统一和国家的繁荣。

但孟子的想法还是太天真了，他四十多岁开始游历各国去宣扬"仁政"思想，其间先后去到齐、宋、滕、魏等国家，前后历时二十多年。最后一圈折腾下来，他发现仁政推行起来困难重重，无论是他邀请国君会谈还是给予他们忠告，这些君主要么对他冷嘲热讽，要么就是忙于战事，根本无暇听他讲道理。孟子的仁政学说还被大家认为是"迂远而阔于事情"。

最后，六十多岁的孟子放弃了当说客，他回到家乡邹国，以著书立说、教授弟子、与人辩论的方式来传播自己的思想，和他的学生一起，"序《诗》《书》，述仲尼（即孔子）之意，作《孟子》七篇"。

当然，我们现在看到的《孟子》一书，不仅是孟子所作，在他去世后，他的弟子们还整理汇编了孟子生前的言行，作为《孟子》的一部分。

03

孟子的"仁政"到底是什么呢？

孔子由他的仁爱思想很自然地推衍出了"仁政德治"的思想，提倡德治，认为君主应以德治国，关爱百姓。孟子将孔子的"德治"思想发展为"仁政"学说。他认为君主不仅要关爱百姓，还要实行一系列仁政措施，比如减轻赋税、注重农业、兴办教育等，为人民创造更好的生活条件。

所以，孟子提出了"民为贵，社稷次之，君为轻"的著名论断。在孟子看来，民众的利益和福祉应该是治理国家的首要考虑因素，因为君主的权力来自人民，所以君主应以人民的利益为重，天下不是一人之天下，而是天下人的天下。

孟子的这一主张，跟当时多数统治者"君主利益至上"的做法形成鲜明对比，所以引起了很大的反响，也对中国后世产生了深远的影响。

此外，孟子认为仁政必须建立在统一天下的基础上，因此孟子主张"法先王，行仁政"，意思就是效法先王"以不忍人之心行不忍人之政"。

当时正是礼崩乐坏的战国时期，各国之间交战频繁，而孟子反对霸道，反对战争。他认为，现实生活中的一切灾难、祸害都来自争夺，而争夺的根源就在于君王不讲究仁义。因此，他强调

"仁者爱人"，就是真正有仁义、仁慈的人首先要学会爱身边的人，爱自己的子民。

孟子还把仁政的核心思想引申到个体上，认为仁、义、礼、智这四者当中，仁和义是最重要的。而仁和义的基础是孝悌，而孝悌又是处理父子、兄弟关系的基本道德规范。孝、悌、忠、信、礼、义、廉、耻，这些道德规范是人的天赋，我们生来品性当中就有的，不是后天形成的。因此人应该加强内在修养，努力使自己的品德修养得到提高。

04

在仁政基础上，孟子又提出一个非常著名的观点——性善论。

什么是性善论呢？简单来说，就是每个人天生就具备善良、慈悲和道德的本性。他认为，人的天性本善，但在社会生活中，受到各种外界因素的影响，人们有时会偏离善良的本性，做出不良行为。因此，我们需要通过教育和修养来发扬自己的善良本性，成为有道德、有责任感的人。

孟子的性善论在中国思想史和中国哲学史上有非常重要的意义，他不仅突出了人的道德主体性，还为儒家的仁政思想提供了人性论的基础和支持。

05

孟子对儒家学说继承和发展的第三个方面,就是他的"民本"思想。其实"仁政"换个角度来说就是"以民为本"。孔子虽然也重视民意,但并没有像孟子那样系统、明确地阐述了民本思想。

孟子曾提出"制民之产"的主张,就是君主应该帮助百姓拥有固定的产业和收入,以此来确保他们生活的安稳,只有百姓的生活安稳了,国家和社会才能长治久安。

千百年来,孟子的民本思想已经应用到我们社会生活的方方面面,大到管理国家,小到现代的企业管理,我们日常做的问卷调查,投票选举,等等。

孟子一生都在极力推崇仁政,坚持与民同乐,与民同好。他自始至终都在用"富贵不能淫,贫贱不能移,威武不能屈"诠释什么是真正的"大丈夫"。

我们今天会惊喜地发现,孟子的思想对后世产生了深远的影响,几千年来,凡历史记载中著名的贤明君主,在他们的治国方略中,我们总能看到孟子思想的影子。今天,我们重视民生,重视以德治国,同样也无不受到孟子思想的影响。

老子：《道德经》的智慧

适度是需要修炼的，
　这是一门学问，
　　更是一种智慧。

01

一提到老子,我们会对他有什么感觉呢?仙风道骨,还是洒脱老者?

关于老子的身世,由于年代久远,史料匮乏,老子的生卒年均不详。有幸的是,孔子问道的史实,侧面印证了老子生活的年代。比较公认的说法是,老子,姓李名耳,字聃,出生于周朝春秋时期陈国的苦县,大概在今天河南省的鹿邑县,大约仙逝于公元前500年左右。

关于"老子降生"的传说,其离奇程度堪比"哪吒出世"。

春秋末期,楚国苦县有一个村庄叫曲仁里,村子不大,但也算得上是一个风景秀丽的宝地。村前有一条小河沟,河沟两岸种了很多李子树。有一天,一个眉清目秀的姑娘来河边洗衣服,她突然看到水面上漂过来一对李子,而且这对李子长得很奇怪,鼓起来的地方合在一起,外侧扁平,像两个耳朵一样,但是这对小李子黄里透红,看起来很好吃。这个姑娘顿时就觉得自己饿了,她起身把李子捞起来,吃了,没想到不久后,她却因此怀了身孕,而且这是一个怪胎，正常人怀胎十月生产，她却整整怀了七十二年，当年的妙龄少女变成了老人，肚子里的小孩才从她的左腋下生出来。这个小孩子满头白发，皮肤褶皱，活脱脱的就是一个小老人。这个老头子就是道家学派的祖师爷——老子先生。

在道教神话里，描写老子降生的故事，还有很多不同的版本，比如《列仙传》里写的是："老子母扶李树而生老子。老子生而能言，指李树曰：以此为姓。"意思是老子的母亲摸一下李子树就怀孕了，而老子一生下来就会说话，指着这棵李子树说："我就要跟它姓李。"再如东晋道教学者葛洪在《神仙传·老子》里说："其母感大流星而有娠，虽受气天然，见于李家，犹以李为姓。"言下之意，老子的父亲是大流星。而在北宋小说总集《太平广记》里更有"老子先天地生"等不下十种有关他来历的猜测。就连司马迁的《史记》里，也有关于老子寿命的怪谈，《史记》中记载："盖老子百有六十余岁，或言二百余岁，以其修道而养寿也。"说老子至少活了一百六十岁，他之所以长寿，因为他是修道之人。

当然，这些传说和编纂，并不是真实可考的历史，但是我们也能够从这么多生动有趣的传说故事中看出，千百年来，老子的确很受世人的欢迎，而且在大家心中，他不是一个普通的存在。

02

老子对道家思想的影响,可谓是前无古人后无来者,也正是这个原因,后世人对于老子"神通广大""身世不凡"的想象层出不穷,而且直到两千多年后的今天,老子在哲学上的建树也很难被超越,甚至还有人说,老子是中国唯一的哲学家,也是唯一被西方哲学界推崇的中国人,老子之后中国再无哲学——这种说法太过于绝对,但是老子的思想,绝对为中国哲学的开端竖起了一座坚实的丰碑。

西方科学研究大多是基于对规律的发现和探索,也就是老子在《道德经》里所讲的"众妙之门",老子是如何发现这些玄之又玄的"众妙之门"的呢?他说:

> 常无欲以观其妙,常有欲以观其徼。

意思就是,我们要想更好地理解一个事物,必须要在"无"的境界中才能体悟它的本源。什么是"无"?就是空,没有执念,没有自我,没有既定的规则,可以接受一切无常变化。再简单一点来说,我们人类的科学探索就是基于规律的发现,而规律的特点,在老子看来,是常有和常无。我们想想看,人类是不是通过比较、通过对比来认知世界的?有常有,那就一定有常无,这是自然规律，有阴就有阳，这是道。这就是老子对事物的朴素辩证法思想，也是他对自然规律的理解。要知道，这可是发生在两千五百年前的事情。

而老子一生的思想精髓就浓缩在他的《道德经》里。《道德经》全文五千多字，却被誉为是中华传统文化思想的最高点。

在《道德经》里，老子谈天地法则，说：

道生一，一生二，二生三，三生万物。

谈为人之道，是：

上善若水，水利万物而不争。

谈处世之道，是：

金玉满堂，莫之能守。富贵而骄，自遗其咎。

可以说，大至天地，小至尘泥，修身、养生、处世、治国，老子用五千多字，囊括了世间万象。

顾名思义，《道德经》的思想核心就是"道"，老子说，"道"是无为的，但"道"有规律，以规律约束宇宙间万事万物运行，万事万物均遵循规律。

听起来很玄妙，又是无为又是规律，很多人感觉这两个词是矛盾的，其实不然。老子在《道德经·一章》中说：

道可道，非常道，名可名，非常名。

老子说的"道"，不是我们平常所理解的那些道理和知识，而是天地自然间永恒的道，是规律。这里有一个小问题，在这个世界上，什么是永恒的呢？可能有朋友会说是时间、钻石、爱……其实都不是，在这个世界上，唯一永恒的东西就是变化，仔细想想看是不是这样的？

在老子看来，这个世界只有变化是永恒不变的，这也是世界的本质，是最根本的道理。打个比方，我们把道想象成一团混沌的气，这团气体无形无相，没有名字，也没有人知道它是什么，这就是老子说的"无名天地之始"。有一天，这团气体慢慢地开始变成天和地，衍化出山川、河流、树木，我们的神话故事盘古开天地，就是讲的这件事，而这也是老子说的"有名万物之母"，我们现在所生活的多姿多彩的世界，就是由这团混沌的气体变化而来，想想看，这不就是老子说的"道生一，一生二，二生三，三生万物"吗？

所以，老子说"道"是有规律的，这个规律就是永恒的变化，是无常，这个世界的万事万物都是遵循着无常的变化向前发展的。

―――― 03 ――――

我们理解了"道"是一刻不停的"变化"，那就引出了第二个问题——我们应该如何去应对这种不确定性的变化呢？老子还有一句名言，那就是：

无为而治。

"无为而治"原本是讲君主应该如何治国，我们也可以把这四个字看成老子给我们提供的一种应对人生的根本方法。"无为而治"，一说"无为"，有一些人可能会把"无为"理解成，什么都不干，什么也不想，类似于我们现在说的那种"躺平""佛系"，但如果真是那样的话，老子也不会被我们谈论两千多年了。

"无为"这个词在《道德经》里出现的频率非常高，比如："无为而无不为""无为而治""是以圣人无为，故无败""是以圣人处无为之事，行不言之教"等等。其实，如果我们把"无为"换成"顺应"，就会好理解一些，"无为"不是无所作为，而是不妄作为，不过多地干预，也不违背客观规律，只有这样，我们才能无所不为。

举个例子，在西汉初年，汉文帝、汉景帝统治时期，出现了一个盛世，后人将它称为"文景之治"。说的是西汉初年，由于秦末的农民战争和楚汉之争不断，多年的战乱让社会治安混乱，经济遭到严重破坏，各地到处闹饥荒，老百姓中甚至出现了易子而食的现象，全国民生凋敝，苦不堪言。汉朝朝廷推崇"黄老之术"，采取轻徭役、薄赋税等与民休息的政策，就是不必要跟打仗似的，挨家挨户地拉壮丁去当兵了，百姓也不用交那么多田租，这样大家的生活都能得到改善。这种"宽简"政策的效果，让汉朝出现了多年未有的稳定富裕的景象。这就是无为而治的成效，不折腾，顺时而动，事半功倍。

老子在《道德经》中说：

水善，利万物而不争。

我们通常把"利"理解成得利、利于，以为是，水有利于万物生长。其实这里的"利"，应该取这个字最本源的意思，用刀削植物，以刀断禾。因此，老子在这句话中真正想表达的是：水之所以是至善，就在于它能够影响万物，但不会跟万物发生冲突和争执。这和《道德经》里的另一句话很像：

> 生而不有，为而不恃，长而不宰，是谓玄德。

意思是生养万物而不据为己有，为万物尽力而不自恃有功，助万物成长而不宰割它们，这就是最深的"德"啊！

中国人历来有一句古训，说"吃亏是福"，什么是吃亏呢？就是我付出了，但没有得到相应的回报，我对别人好，别人却不知道。那这怎么能是福呢？相反，我们现代还有一句流行语："吃亏要吃在明处，可不能吃哑巴亏。"

关于这个问题，老子在《道德经》里说：

> 曲则全，枉则直，洼则盈，敝则新，少则得，多则惑。

"曲则全，枉则直"，意思是弯曲才能得到保全，委曲才可以伸展。这是一种辩证法，做任何事情，如果已经"全了""满了"的话，就无法再全了，所以要随时保持曲的姿态，才得以保全。同样，要发展必先委曲，姿态要低。就像我们跳高一样，不先蹲下来，怎么跃起？

"洼则盈，敝则新"，意思是低洼反而能得到充盈，破旧反而能生新。比如下雨的时候，雨水一定是先填满低洼的地方，高的地方突出地表，当然是存不了水的。而"敝则新"是指旧的才能更新，举个简单的例子，比如一所新房子，即使我们发现了好的建材，也不会用在它上面。

最后"少则得，多则惑"，意思是少取反而能多得，贪多反而会产生迷惑。譬如我们去一所博物馆，假设只有三小时，如果每一个文物都要看，那么走马观花，看完之后只会头昏脑涨，什么都不记得，这就是"多则惑"。相反，每次去只欣赏几件文物，多去几次，慢慢欣赏，看懂了，可能终身不忘。

老子的伟大之处在于，他能在日常琐事当中发现本质规律。比如我们看到弯曲、低洼、破旧的东西，第一感觉可能会觉得这些东西不完善、有缺陷。但老子看到的是，"完善、美好"与缺陷本来就是一体的。好与坏本就是一件事情的两面，所以，何来吃亏一说？

我们可以回忆一下自己的生活经历，是不是有过这种庆幸，还好当时这句话没有说出口？还好当时没有占这个小便宜？还好遇到一些挫折，让我们认清自己？

是不是突然发现，吃一时的亏，好像也不一定是坏事？其实，如果我们能够时刻保持一颗平常心，无论是处在高峰还是低谷，都能够坦然、快乐地面对，这就是我们对待生活的"无为"。

这个世界本来就是变化无端的，我们遇到好事、坏事都是正常的，朋友来了、去了也都是正常的，有一句话说，"缘起则聚，缘灭则散，随缘而动，无欲则刚"。其实说来说去，都可以归结为两个字，"无为"。所以说，老子真的很厉害，他的《道德经》，句句精辟，他讲的是世界的底层逻辑，讲的是我们人与自然相处的底层逻辑。

---- 04 ----

《道德经》不仅在中国很流行，甚至还走向了世界。德国哲学家叔本华，就是提出"人生像钟摆"的悲剧理论家，也特别崇拜老子，更是对《道德经》赞不绝口，认为《道德经》是关于理性的学说。余秋雨先生说过："其他哲学家都是国家性的，只有老子是世界性的。"

现在《道德经》的西文译本接近五百种，是世界上发行量最大的中国著作，我建议大家仔细读一读这本只有五千多字的小册子，你也许会有意想不到的大收获。

《道德经》这本蕴含着天地至理的经典著作，并不是老子一生呕心沥血才完成的作品，实际上，它就是老子在出行路上，顺便写的一本小书。

当时老子在周朝做守藏室的史官，相当于现在的中央图书馆馆长，后来周朝衰落，老子眼看着国家日渐式微，他感到伤心和失望，更何况这个时候他已年近八十高龄，因此就准备离开。当时函谷关的关令尹喜知道老子要归隐，而且一定会路过函谷关，他就在那等着老子。果然没几天,老子骑着牛来了,尹喜非常可惜地对老子说:"您老人家就要走了,不如为我们后人留些东西吧。"老子也不拒绝,就在函谷关住了下来,几天后,他交给尹喜一篇小文章,然后就骑着大青牛,悠悠晃晃地走了,不知去处。

据说,这篇小文章就是现在闻名于世的《道德经》。

《道德经》里的名句俯拾即是。老子在《道德经》中还写过这样一段话:

大成若缺,其用不弊。大盈若冲,其用不穷。大直若屈,大巧若拙,大辩若讷。躁胜寒,静胜热。清静,为天下正。

意思就是,哪怕天底下最美好的东西,其实它也是有欠缺的,但它的作用不会衰竭。而天底下最充实的东西,看起来反而是空虚的,然而用之不竭。真正笔直的东西,看起来是弯曲的,真正的聪明看起来却是笨拙的,而最卓越的辩手,往往像是不善言辞的。运动可以抵御寒冷,安静可以抵御炎热,内心清净,就可以统帅天下了。

概括来说,老子想告诉我们的道理是,世界上没有真正完美的东西,就像人生怎么过都会留下遗憾一样,正所谓"水满则溢、月盈则亏",我们如果执着于追求完满,最后自己一定会受到伤害,为什么呢?因为完满是一种达不到的理想状态,所以老子在《道德经》的第四十八章中说：

为学日益，为道日损，损之又损，以至于无为，无为而无不为。

意思是追求学问的人，知识一天比一天增加。而追求道的人，欲念一天比一天减少，减少到最后，达到没有私欲和执念的境地，而当我们抛弃一切杂念的时候，我们就无所不能了。无为而不无为，就是当我的人生没有预设目标，也没有什么执念的时候，我的内心就不会再被世事纷扰，无欲则刚，这个时候我是无所不为的。

在日本，有位叫山下英子的女作家，把老子的这种"为道日损"的哲学思想应用到了日常生活中，形成了一个新的概念叫作"断舍离"，还写了一本同名书，畅销全球。在山下英子的《断舍离》中，她告诉我们如何通过收拾家里的破烂来整理自己心中的"破烂"，分享让人生变得开心的方法。所以当时很多人把"断舍离"理解为把没用的东西都扔了。其实这只是它的表面意思，老子思想当中真正的"断舍离"，不只是把东西丢掉，也就是我们所谓的追求简约，限制物欲，其实老子的"断舍离"思想中，除了丢弃，还包含着"追求"和"充盈"，我们应该追求的是内心的充盈，这是一种能力。

在《道德经》中，有这样一段话：

> 五色令人目盲；五音令人耳聋；五味令人口爽；驰骋畋猎，令人心发狂；难得之货，令人行妨。是以圣人为腹不为目，故去彼取此。

什么意思呢？就是说，缤纷的色彩使人眼花缭乱，嘈杂的音乐使人耳朵发聋，丰盛的美食使人口味败坏，纵情于狩猎使人心情放荡发狂，奇珍异宝让人行为不轨。所以圣人只要吃饱肚子就可以了，他不会去追求过度的享受。

那我们来反观一下自己，现代人生活节奏非常快，每天都在想怎么提高学习成绩，提高工作效率，让自己的社交圈更优质，等等，经常处于高压和焦虑的状态，这就是老子所说的"为学日益"，我们逐渐沉湎于生活的五色、五音、五味中，以为这就是生活的本质，以为跑在人群的最前面，就是美好的生活。但事实显然不是这样的，不然老子就不会发出"致虚极，守静笃"这样的感慨了。

老子的"断舍离"，要我们舍弃的是对于外物的杂念，那些过度的欲望和那些不切实际的圆满，追求的则是一种内心的虚静，一颗充满清静的心，是充盈的，它能提供源源不断的能量，滋养我们的生命，正如王阳明在龙场悟道时说的："始知圣人之道，吾性自足，向之求理于事物者误也。"

"物欲横流"是我们现代生活的一大弊病，老子两千五百多年前就对物质财富有了很清醒的认识，他说：

> 名与身孰亲？身与货孰多？得与亡孰病？甚爱必大费，多藏必厚亡。故知足不辱，知止不殆，可以长久。

意思是名声和生命，到底哪一样对我们来说更为密切呢？生命和财富，到底哪一样对我们更重要呢？攫取世界上的财富和丧失生命，到底哪一样是病态呢？人，过分地追逐名利，必定要付出更多代价的，而我们过度积敛财富，也必定会遭受更惨重的损失。所以说，知足就不会受到屈辱；懂得适可而止，就不会遇见危险，这才可以保持长久平安。老子的观点很严谨，他没有说要我们完全杜绝追求名利、杜绝积敛财富，因为那也是不可能的，我们只要生活在这个世界上，就不可能完全脱离人的社会性，而活在"真空"之中，所以老子几乎每一句话都带上了一个程度副词——"甚"爱必大费，"多"藏必厚亡——他想表达的真正意思，就是：适度。

这个"度"类似于"中庸"里的"中"字，"中"不是我们平时理解的正中间，而是指保持一种动态平衡，做什么事情都不要取极端。所以老子从来不说要我们杜绝对物质的欲望，因为欲望是人之常情，他只是告诉我们，应该学会知足，适可而止，见好就收，懂得自律，掌握分寸。就像我们炒菜放佐料一样，不放没味道，放多了不好吃。适度是需要修炼的，这是一门学问，更是一种智慧。

我们再来提炼一下老子的"断舍离"精神：我们会发现，人越长大，越懂事，心思就越重，心里背负的东西越多。但其实我们要认清一个前提，那就是很多事情只能求过程，结果是个人意志无法控制的。所以，要学会给生活做减法，关注当下的体验，清空内心的杂念。祛除私心杂念之时，也是内心追求充盈之时。

《道德经》本身就是在追求"大道至简"的极简理念，全篇只有五千多个字，就把这个世界的运行逻辑与我们人生的本质说得明白透彻了。

庄子：《逍遥游》的精神美学

不如就让我们以天为被，
以地为床，
用无限宽广的心，
丈量无限宽广的世界。

―――― 01 ――――

庄子所处的时代正是诸子百家兴起的时代。

诸子百家兴起于春秋战国时期，在春秋战国以前的周朝，政治体制上实行的是宗法制度和分封制度。宗法制是古代维护贵族世袭统治的一种制度，基本原则是按照血缘来分配皇位和诸侯王的身份地位以及权力。分封制指的是，王室把天下划分成若干个部分，皇帝占领中间区域，周边按照血缘关系层层划分。这种制度会在宏观上产生两个问题。一是社会等级森严，人自出生就有既定的命运，要么继承皇室地位，要么延续祖上的世代贫困，社会阶级上下层之间几乎没有流通通道。当时，文化知识只在贵族阶层范围内流动，有专业技术的人，几乎都是贵族的私人技师，平民基本没有接触文化艺术知识的机会。第二个问题是，古时候交通不便，各个诸侯国与中央缺乏联系，正所谓"天高皇帝远"，渐渐地，各诸侯国也开始各自为政。

时间久了，诸侯国之间的矛盾愈演愈烈，扰乱了周朝原本的社会制度、社会阶层和社会行为纲领，也就是我们经常说的"礼崩乐坏"。一些没落的贵族曾经招揽的私人技师也逐渐流入民间，自己寻找维持生活的办法，这就形成了一个新的社会阶层"士"，也就是"士农工商"当中的"士"。后来，士阶层也有了明确的分类，他们在民间收徒、培训，慢慢产生了自家的学派和主张，诸子百家由此发展而来。

———— 02 ————

庄子，本名为庄周，战国时期宋国人。

庄子作为道家学派的代表之一，与老子并称为"老庄"，他是先秦诸子中最有意思，也是最具个性的一位思想家。

为什么说庄子有个性呢？在几乎所有人都奋力向权力中心靠拢的时候，唯有庄子退避三舍；其他诸子们都在谈论治国理政的良方，庄子却另辟蹊径，他教人们如何自救，如何在这个纷繁杂乱的世界中保持心灵的平和。庄子是当时唯一一个不愿辅佐帝王的人，他只和"平民百姓"对话，因为在庄子心里，有一个非常重要的原则，那就是"人人平等"。

庄子的趣味性，就在于他的思想都蕴藏在一个又一个寓言故事中，他用一种"润物细无声"的方式，为我们讲解人生至理。

《庄子》的开篇《逍遥游》就是一个听起来有些离奇荒诞的

故事。很多人认为,《逍遥游》是在夸赞鲲鹏志向远大,而小燕雀则不知"鸿鹄之志"。其实这样的解读是有失偏颇的,在庄子看来,大鲲鹏和小燕雀,虽然一个志向高远、一个目光短浅,但它们都有自己的快乐,只要它们可以按照自己喜欢的方式生活,那就足够了。这就是庄子的"齐物论"的观点——世界万物,一切平等。

我们知道了庄子"齐物论"的核心思想,《逍遥游》这篇文章读起来也就没有那么晦涩了。

—— 03 ——

逍遥,是一种自由自在,无拘无束的洒脱感,这也是我们很多人对庄子最深刻的印象。

《逍遥游》开头是这么写的:

> 北冥有鱼,其名为鲲。鲲之大,不知其几千里也;化而为鸟,其名为鹏。鹏之背,不知其几千里也;怒而飞,其翼若垂天之云。是鸟也,海运则将徙于南冥。南冥者,天池也。

意思是说，很久以前，北方有一片大鱼塘，名叫北海，北海里有一条身形庞大又健美的靓鱼，叫作鲲。鲲有多大呢？据说身长几千里，它在水里游来游去，非常自在，可是有一天寒流来袭，鲲不想被冻死，于是它摇身一变，化为一只巨鸟，还把自己的名字改成了鹏，想要飞去温暖的南海度假，它的翅膀张开的时候，就如同天上的彩云一般，绚丽夺目。

"北冥有鱼，其名为鲲，鲲之大，不知其几千里也。"我们虽然不知道这条鲲是如何游于北冥的，但是它似乎不太满意自己的现状，于是它"化而为鸟，其名为鹏，鹏之背，不知其几千里也"。鲲摇身一变，化为一只鸟，按常识来说，这个故事有些荒谬，但庄子想要讲述的是关于事物之间互相转化的道理。

庄子是如何形容这只大鹏的呢？"怒而飞，其翼若垂天之云"，这个"飞"字，正是《逍遥游》的主题，"飞"，能让我们去到一个更高的地方，获得一种更高的视角。

在《逍遥游》中，庄子在一开始就提出了两种视角——"鲲"的视角和"鹏"的视角，也可以理解为人的视角和天的视角。我们很多人都会认为，天地、鲲鹏，都是对立的事物，但是庄子却认为这些对立的两者，其实是一件事情的一体两面。

庄子说：

> 天之苍苍，其正色邪？其远而无所至极邪？其视下也，

亦若是则已矣。

这句话非常关键,意思是说我们以人的视角抬头看天的时候,看到的是茫茫一片,这主要是因为人的视力无法看到如此高远的地方,所以我们理所当然地认为,天空就是一片苍茫,但这真的是天的颜色吗?并不一定。

庄子又说,如果我们从天空去看地面上的事物,其实也是苍茫一片。正如我们坐飞机的时候,当飞机平稳飞行在白云之上,我们向下望去,看到的地面也是苍茫一片。其实庄子真正想告诉我们的是,人在认知上的局限性,如果我们能够跳脱出自我的局限,上升到一个更高、更广阔的视角,去俯瞰身边的一切,我们会发现一个完全不一样的世界。这也正是很多古人喜欢登高远眺的原因,站在高处,视野会更加开阔,我们的心境也会随之开阔。

庄子又继续讲到:

蜩与学鸠笑之曰:"我决起而飞,抢榆枋,时则不至,而控于地而已矣,奚以之九万里而南为?"适莽苍者,三餐而反,腹犹果然;适百里者,宿舂粮;适千里者,三月聚粮。之二虫,又何知!

蝉和小鸟看见飞过去的大鹏,就讥笑它说:"这个大鸟何必要飞那么高、那么远呢？你看我们这些小虫子，纵身一跃就可以飞起来，碰到树枝就可以停下来，因为我们飞得不高，随时都可以落在地面上，因为飞得不远，我回来的时候肚子还是饱饱的。而大鹏到底在追求什么呢？"庄子在这里并不是想去评判大鹏与小鸟孰是孰非，而是提出一个我们不得不面临的问题，就是小和大的分别，也就是"小大之辩"。

———— 04 ————

"小大之辩"是《逍遥游》中一个非常重要的命题。

"小大之辩"的第一个层次，是"小不及大"。庄子说：

小知不及大知，小年不及大年。

其实不只是小鸟面对大鹏时有如此的感慨，任何小的东西在面对大物的时候，都会出现类似的问题。比如寿命只有一天的菌虫，不会明白晦和朔的区别，或者在夏季生存的蟪蛄并不理解春和秋的事情。而对于世界上的任何事物，各自都有自己与众不同的世界。比如楚国南部那棵以"五百岁为春，五百岁为秋"的大树，或者是更古老的时候，以"八千岁为春，八千岁为秋"的大椿树，它们的经历显然也不是一般的树可以比拟的。对于人来说亦是如此，通常情况下，我们认为人能够活八九十岁已经算长寿了，但彭祖活了八百年，如果我们和彭祖比寿命长短，岂不是很可悲？

所以为什么我们会有小和大的分别心呢？关键问题不是在于知识，而是在于眼界，或者换句话说，眼界比知识更重要，眼界是超越知识的。比如，只能飞数丈高的蝉和小鸟，和能飞九万里的大鹏相比，它们显然是不可同日而语的，在不同的高度看世界，看到的景象也是绝对不同的。一个是历历在目的清晰的视域，山是山、水是水，你是你、我是我，一个能够将各种形体都融化在宇宙的光芒里，消失在氤氲的尘埃里，也是庄子所说的"大而化之"。

唯有"大"才可以达到"化"的境地，反过来说，"小"是不能够"化"的，小的东西只能固守自己的界限，生活在自己的世界里，比如庄子笔下的小鸟。小物之所以为小，是因为它执着于自我，并且认为这是终极真理，比如有一个词叫"冥顽不化"。"大"是什么意思呢？鲲之所以可以化为鹏，正是对自己的一种超越，这种超越不只是形体上的，我们可以理解为一种遗忘和丧失自我的象征，是精神的超越、心灵的超越，在这个意义上来理解"化"，也就能够理解庄子这种夸张的寓言故事背后的逻辑性了。"化"代表的是自我执念的消失，没有一个一成不变的我，有的只是宇宙之大化。

大鹏和彭祖等这些"大物"的出场，难道只是为了来显示小鸟、普通人等这些"小物"的无知和局限吗？显然不是，如果我们执着于大鹏的大和彭祖的长寿，那么从某种意义上来说，我们跟小鸟是一样无知和有局限的。因为这个世界是无限的，大和长寿也是无限的，我们一旦有了一个固定的、关于大和长寿的标准，就会陷入有限和禁锢之中。鹏的确是大物，但一定会有比鹏还大的东西，彭祖长寿，但比彭祖更长寿的也一定会有。

一个"化"字，就足以表现出庄子哲学中心灵与形体的分裂，"化"其实就是《齐物论》中所说的"吾丧我"，我们只有"忘却"自我，放弃内心的执念，才能够达到"化"的境界，这种"化"并不是指形体上的转化，在现实生活中，我们的肉体也没有办法转化为鹏或者其他事物，这种"化"更多地指我们心灵上的转化。庄子哲学的高明之处就在于，他并不逃避现实的生活，也不排斥我们的肉体，我们的身体仍然留在浊重的人世间，这是没有办法摆脱的宿命，但是如果能够把繁重的心灵清空，一颗"虚心"是可以化成任何样子的。这也正体现了庄子的真实目的，毋庸置疑，"心"才是《逍遥游》的主角，在"心"和"行"的对立之中，如何让"心"摆脱和超越"行"的束缚，是庄子最想要探讨的问题。

那我们应该如何来对待自己的心呢？庄子认为第一步是"剥离"，心和形体是有区别的，所以我们应该把心和形区分清楚。在庄子看来，宋荣子（战国时期思想家）是了解这种区别的，因为对宋荣子而言："举世而誉之而不加劝，举世而非之而不加沮，定乎内外之分，辩乎荣辱之境，斯已矣。"意思就是，全世界的人都称赞宋荣子，他不会感到特别的兴奋，全世界的人都责备他，他也不会感到特别沮丧，他能确定自我与外在事物之间的分界线，这也就达到了"不以物喜，不以己悲"的境界。

但庄子认为，宋荣子还是有所欠缺，并没有达到最高的境界。比起宋荣子，列子似乎走得更远一些，列子是庄子的前辈，在历史上被归为道家的一名智者。那列子是怎样的呢？庄子说："夫列子御风而行，泠然善也，旬有五日而后反。彼于致福者，未数数然也。此虽免乎行，犹有所待者也。"就是说他能够乘着风自由地飞行，姿态非常美妙，这就是我们所说的列子御风而行，潇洒又飘逸。但庄子认为，列子乘风虽然免于人间世的行走，但是他依然没达到最厉害的境界，因为他还需要借助外物，哪怕所借助的是风，他依然有所待，如果没有风，他就不能乘风而行了，这就再一次显示出形体的沉重，如果没有形体带来的负担，当然也就不需要风的助力。

紧接着，庄子说出了一句名言：

至人无己，神人无功，圣人无名。

意思就是至人化解自我，神人化解功绩，圣人化解名声。宋荣子和列子都没有到达"至人"的地步，因为他们都还被自己的形体所累，而最高的"至人"，能够"乘天地之正气，而御六气之辩，以游无穷者，彼且恶乎待哉"。"至人"是无待的，他不需要借助任何外物，就可以自由自在地驰骋于天地之间，因为至人已经舍弃了对形体的执着，他"游"的是自己的心，心的逍遥不需要借助任何外在的东西。至人"乘天地之正，而御六气之辩"，这些并不是玄虚的东西，只是顺其自然地，让心在真实的世界里逍遥。

在陶渊明那篇著名的辞职信《归去来兮辞》中，有这样一句话："既自以心为形役，奚惆怅而独悲。悟已往之不谏，知来者之可追。"陶渊明为什么会放弃当县令的官差，辞职回去做农民呢？因为县衙有一条规矩，让他每天穿官服、束大带去接待上级，这份工作把他的心禁锢住了，"心为形役"，所以他决定辞官归隐。陶渊明这种"欲仕则仕，欲隐则隐"的真性情，也让后世很多文人墨客对他敬佩不已，比如苏轼和李清照，都是他的铁杆粉丝。

—— 05 ——

《逍遥游》的"游"的意思是心灵自由自在，那"逍遥"又是一种什么样的状态呢？到底怎样做才能称得上是"逍遥"呢？这就要提到"小大之辩"的第二个层次了，那就是"小即是大、大小齐一"。

我们的眼中之所以有小和大的区别，是因为我们有"分别心"。比如"燕雀安知鸿鹄之志哉"，这句话就暗含了我们对燕雀的否定，以及对鸿鹄的肯定。再比如在日常生活中，有一些人喜欢用严格的标准划分事情的对错、好坏、大小，总是不自觉地以对立的观点来看问题，但庄子却告诉我们，这个世界根本不存在对立，所有的对立，都只是一件事情的一体两面，也就是说，在这个世界上，任何事物都是可以互相转化的。比如跟大鹏相比，小鸟是小的，但是跟蜉蝣相比，小鸟又是大的那一方。再比如庄子说，宋国人把礼冠运到越国去卖，但是越国人都剃了光头，所以他们根本不需要礼冠，于是，同样一件商品，在宋国是销量冠军，在越国却无人问津。

所以这个世界并不存在统一的标准，所有的标准都来自我们的分别心，所有的意义都是我们的心造之物。庄子在《大宗师》里提到了一个词，叫"坐忘"。"坐忘"也是一种心造之境，它能够让我们舍弃自己的身体，舍弃自己的欲望，甚至舍弃自我，做到心中无物，心中无人，心中无己、无功、无名，我们的心也就在真正意义上变成了一间空室，也只有"空"才能更好地容纳，就像一个瓶子，空瓶才能装更多的水，向一个即将盛满水的瓶子里加水，只会溢出来，所以说，只有不断清空才能源源不断地装进新的东西，也只有在这种源源不断地清空和装入的过程中，我们的心才会生出光明。反过来说，如果我们的心被世俗的标准，所谓的固定的知识，以及自我的执念装满了、填实了，这些规矩和标准也就成为困住我们的枷锁，如果我们被"用"充斥着，那么心也会受到限制。这个世界的真相就是，一切都是无限的，"心"也不例外。

那么我们应该如何获得真正意义上的逍遥呢？庄子讲得很清楚，那就是放下我们自己对世界的种种标准，放下内心的执念，把心清空，让自己自由地奔跑在日月星辰下。其实生活很简单，即使拥有再多的荣华富贵，我们真正需要的，也不过是一日三餐，我们真正经历的，也不过四季轮回，不如就让我们以天为被，以地为床，用无限宽广的心，丈量无限宽广的世界。

曹操：一代枭雄的文采与诗情

杀伐果决的冷血曹操，
心底还住着一个诗人的灵魂，
这一面的他，纯粹而真诚。

01

"方其破荆州，下江陵，顺流而东也，舳舻千里，旌旗蔽空，酾酒临江，横槊赋诗。"这是苏轼在《赤壁赋》中描写曹操的一段话，什么意思呢？就是说当初曹操攻陷荆州，夺得江陵，他沿长江顺流东下，麾下的战船延绵千里，胜利的旌旗，将天空都遮住了，他在江边持酒而饮，吟诗作赋，着实是一代枭雄啊！

即便我们不研究三国史，也没有读过《三国演义》，光是从苏轼的描述中，也许就已经能够想象到，一代枭雄曹操胜利之后临江赋诗的震撼场景。

在《三国演义》中，曹操有一句名言，他说："宁教我负天下人，休教天下人负我。"也正是这句话，坐实了曹操千百年来近乎"奸绝"的形象。这句话出自《三国演义》中的一段故事，当年曹操刺杀董卓失败后，在亡命天涯的路上，途经中牟县，被当时的中牟县令陈宫认出来，立即将他抓捕。按理说，当时董卓正在通缉曹操，如果陈宫把曹操献给董卓，那他加官晋爵就是板上钉钉的事，结果在审问中，曹操一番慷慨陈词，直接说服了陈宫，陈宫当即作出决定，要放弃自己的官位，追随曹操。于是，他们两个一起逃往成皋，去好朋友吕伯奢家里避难。

吕伯奢和曹操的父亲是结义兄弟，人很热情，也很实在，一看两个好朋友来到家里，立刻吩咐下人把家里的猪杀了来款待他们，还亲自跑出去买酒。结果曹操在屋里听见后厨磨刀的声音，立刻起了疑心，以为吕伯奢想要杀了自己去邀功，曹操顿时恼羞成怒，和陈宫拔剑杀光了吕伯奢家八口人，杀完之后才发现，人家只是绑了一头猪要招待他们。这下糟了，自己误杀了这么多人，但事已至此，他俩只好匆匆上马，一路逃窜。结果好巧不巧，还没走多远，他俩就遇到了买酒回来的吕伯奢，吕伯奢很疑惑，说："家里杀猪了，我这好酒也买上了，今天咱们好好聚聚，你俩怎么突然要离开呢？"曹操和陈宫听到后很心虚，也不敢搭话，只是策马狂奔，可没走多远，曹操忽然调转马头，反追回去，一剑就将吕伯奢刺死了。

这让随后赶到的陈宫大为震惊，他说："刚才杀吕伯奢的家人是误杀，现在你为何故意杀了自己的朋友呢？"曹操坦率地说："吕伯奢回家后发现自己被灭门，肯定会报官来复仇啊，到那个时候，你我还能活命吗？"这话似乎有道理，但确实很不道义。陈宫感慨："知而故杀，大不义也！"但曹操却说："宁教我负天下人，休教天下人负我！"陈宫听后，顿时觉得三观尽毁，自己怎么会瞎了眼，追随这样一个狠心无义之徒呢？于是，他在一天深夜，离开了曹操。

在小说《三国演义》中，曹操更多地被刻画成一个反面形象，但跳出小说里对他"半虚半实"的描写，历史上真实的曹操其实是一个多面的、极为复杂的人物，他是威震四方的将领，是心狠手辣的政客，但同时，他也是一位才华横溢的诗人。

―― 02 ――

汉献帝初平元年，董卓权倾朝野，他非常残暴，为铲除异己不择手段。当时的朝中大臣和各路军阀都想要起兵讨伐董卓，但是大家各怀鬼胎，都知道董卓实力非凡，所以谁也不愿意率先去跟董卓的大军正面交锋。这个时候，只有曹操站了出来，独自带领三千人马，在荥阳迎战董卓部将徐荣，果然不幸战败。但从这件事情中，我们是可以看出曹操的胆识和担当的。而这场战争过后，讨伐董卓的联军很快就开始各自争权夺势，互相残杀，这也就拉开了东汉末年军阀割据的序幕。

那个时候，曹操看着满目疮痍的天下，顿时无比感伤，写下一首《蒿里行》：

关东有义士，兴兵讨群凶。

初期会盟津，乃心在咸阳。
军合力不齐，踌躇而雁行。
势利使人争，嗣还自相戕。
淮南弟称号，刻玺于北方。
铠甲生虮虱，万姓以死亡。
白骨露于野，千里无鸡鸣。
生民百遗一，念之断人肠。

"自相戕""白骨""断人肠"，这首诗的字里行间都充斥着悲凉。而"蒿里行"这个题目是汉乐府的一个曲调的名称，本是百姓送葬时用的挽歌。曹操用送葬的挽歌，来作为这首诗的题目，可见他写诗时候的心情，是哀痛到了极点。

这首诗讲了一个什么故事呢？它的前半部分，真实地记述了当时的动荡时局，说大家明明约好要同心协力，一起讨伐长安的董卓，但是各路军队会合以后，因为各自都有自己的小心思，谁都不肯主动出击，甚至还互相残杀起来，比如袁绍的表弟袁术在淮南称帝的时候，袁绍却在北方扶持傀儡皇帝掌握大权，军阀之间不仅心不齐，还互相争权夺势，以致天下大乱了。

但是，曹操这一次并没有按套路出牌，他没有在诗后面写"周公吐哺，天下归心"这样的豪言壮语，而是俯下身来，开始写铠甲生虱的兵士，写流离失所的百姓，写曝露荒野的白骨，写渺无人烟的城池。他说，由于战争不断，士兵长期都脱不下战衣，他们的铠甲上生满了虱子，而普通的老百姓也因这连年的战乱，大批死亡。他们的尸骨曝露在野地里，也没有人收埋，周围千百里望去，没有人烟，也听不到鸡鸣，一百个老百姓当中，只剩下一个还活着，这是多么令人哀伤啊。

的确，解读下来，这首诗的悲悯之情，堪比杜甫的"三吏""三别"，也不亚于张养浩的"兴，百姓苦；亡，百姓苦"。刘勰在《文心雕龙》中曾评价曹操的诗："志不出于慆荡，辞不离于哀思。"钟嵘在《诗品》中说："曹公古直，甚有悲凉之句。"其实都是在说曹操的诗歌，情感沉郁悲怆，格调高响，令人感动。

曹操生性多疑、心狠手辣是事实，但他谋略出众、文武双全、心怀天下也是事实，不只是曹操，几乎每一个身处乱世的英雄，都是踩着鲜血向前的。这是历史的必然，也是历史的无可奈何。

如果说《蒿里行》是曹操写的最深情的一首诗，那么《短歌行》可以说就是曹操最浪漫的一首诗了。《短歌行》也是汉乐府的一个曲调的名称，是举办宴会时候的一个歌辞。曹操的这首《短歌行》非常有名，读起来也是朗朗上口，但这首诗的创作时间并没有定论，目前比较受认可的说法是，大概作于赤壁之战之前，曹操创作这首诗的目的也非常明确，就是"求贤"。

这首诗一共有四小节，运用了中国诗歌传统的表现手法——比兴，让情感层层递进。"比兴"是什么意思呢？宋代朱熹明确地说过:"比者,以彼物比此物也;兴者,先言他物以引起所咏之辞也。"通俗点说,比,就是比喻、譬喻的意思,兴,就是象征、烘托的意思,我们可以理解为"托物言志"。而我们常听说的"赋、比、兴",是《诗经》中运用的三种主要表现手法,"赋"很好理解,就是直接铺陈,相当于我们现在的排比。

再回到《短歌行》这首诗的第一节:

对酒当歌,人生几何!
譬如朝露,去日苦多。
慨当以慷,忧思难忘。
何以解忧?唯有杜康。

第一节,曹操喝酒听歌,他在忧愁什么呢?其实这个时候,他十分渴望建功立业,曹操一直有"九合诸侯,一统天下",结束乱世的志向。奈何他也困于人生苦短,看着日子一天天过去,心中的霸业难以实现,所以由此引出"求贤"的愿望。

青青子衿,悠悠我心。
但为君故,沉吟至今。
呦呦鹿鸣,食野之苹。
我有嘉宾,鼓瑟吹笙。

第二节化用《诗经》中的句子，"青青子衿，悠悠我心"，表达曹操对贤才的渴求，已经到了那种对恋人一样，念念不忘的地步了。紧接着，曹操说因为"你"的原因，让我沉吟至今，言下之意，就是在告诉那些"贤才"，即使我不去找你们，你们可以自己来找我呀！由此可见，曹操很会用中国人这种含蓄而机敏方式，来表达自己诉求。"呦呦鹿鸣，食野之苹。我有嘉宾，鼓瑟吹笙。"这四句也是出自《诗经·小雅·鹿鸣》，意思是，你们只要来追随我，那我一定会敲锣打鼓，热烈欢迎，我一定"待贤以礼"。

> 明明如月，何时可掇？
> 忧从中来，不可断绝。
> 越陌度阡，枉用相存。
> 契阔谈䜩，心念旧恩。

第三节又是写月光，又是写忧思，曹操也会多愁善感，触月伤怀，打起了感情牌，他想象着自己与贤才叙旧、畅谈的情景。

> 月明星稀，乌鹊南飞。
> 绕树三匝，何枝可依？
> 山不厌高，海不厌深。

周公吐哺，天下归心。

　　最后一节，曹操借用"周公吐哺"的典故，抒发他"天下归心"的壮志，据说周公自己曾说："吾文王之子，武王之弟，成王之叔父也；又相天下，吾于天下亦不轻矣。然一沐三握发，一饭三吐哺，犹恐失天下之士。"什么意思呢？就是说周公这样位高权重的人，他洗头发的时候，要三次握起头发，吃一顿饭要三次吐出正在咀嚼的食物，因为他要以礼接待贤士，唯恐自己因为失礼，而失去天下的贤士。这大概也是曹操觉得自己与周公心有灵犀的地方吧。

　　曹操曾经为招揽天下贤士发布过"求贤令""举士令"等多篇政治公文，但相比之下，唯有《短歌行》这一篇，既浪漫抒情、意境悠远，又文采斐然，处处富有感染力。整首诗用的是"以情动人"的风格，与人们印象中"狡诈冷酷"的性格截然不同，事实证明，这首诗的传播效果的确很好，既表达了曹操的诉求，又展现出他的才华，关键还让人十分感动，这也正是艺术的魅力。

―― 03 ――

　　曹操还写过"老骥伏枥，志在千里。烈士暮年，壮心不已"

这种抒发乐观进取的精神的句子，也留下了"日月之行，若出其中。星汉灿烂，若出其里"这样气吞寰宇的诗篇，就连毛主席都不禁赞叹《观沧海》中雄浑豪迈的气势，写下"往事越千年，魏武挥鞭，东临碣石有遗篇"这样的感慨，抒发内心的豪情。

说到底，杀伐果决的冷血曹操，心底还住着一个诗人的灵魂，这一面的他，纯粹而真诚，让曹操在乱世沉浮与成败交织的传奇人生中，始终保持一颗赤子之心，给曹操的复杂多面的人性添上了一抹纯色。

曹操既残酷冷血，又悲悯苍生，既狡猾多疑，也真诚纳贤，他用尽一生追求心中的"霸业"，临终却只留下"安置妻妾，薄葬从简"这样琐碎的嘱咐。他是逐鹿中原的一代霸主，是对酒当歌的文人墨客，也是一个具有个性和理想的普通人。抛开他在政治形象上的争议，曹操在文学上的建树是毋庸置疑的，他写的诗大多依托时事，深耕世情，抒发自己的壮志和理想。他的诗风刚健遒劲，格调苍凉，在历史上称为"建安风骨"。即使曹操一生都没有称帝，但他的帝王气魄、英雄底色和诗人的情怀，已经深深地烙印在历史的长河中，流传至今。

嵇康：把生命活得兴高采烈

他是放荡不羁爱自由的任性公子，
但他更是不畏强权，不媚世俗，
宁为玉碎，不为瓦全的千古名士。

―― 01 ――

在魏晋南北朝有一个特殊的知识分子群体,被称为"竹林七贤"。他们远离世俗,仙风道骨,鄙视权贵,傲视凡尘,是一群活得特别滋润的"另类人士"。嵇康是竹林七贤的典型代表人物。

公元224年,嵇康出生在谯国铚县(今安徽淮北市濉溪县临涣镇)的一个小官僚家庭。嵇康的父亲曾在曹操的手下工作,但他在嵇康七岁时就去世了,母亲和哥哥把嵇康抚养长大,由于母亲和哥哥的宠溺,嵇康从小就养成了自由散漫的性格,但这不影响他天资聪颖,酷爱读书。当时周边邻居谁家有书,嵇康总是会想办法借一两部来读,而他看得最多的就是与老庄哲学相关的书。因为家贫,家里从来没有给嵇康请过教书先生,嵇康就凭借自身优越的天资,自学成才了。

嵇康不仅有天资,而且相貌也十分出众。

《晋书·嵇康传》是怎么形容嵇康的长相呢?嵇康"身长七尺八寸,美词气,有风仪,而土木形骸,不自藻饰,人以为龙章凤姿,天质自然"。七尺八寸是多高呢?快一米九了。嵇康从来不会刻意打扮自己，奈何他天生丽质，气质非凡。曾有人夸赞嵇康的儿子，在人群中就是鹤立鸡群，非常耀眼，旁边立刻就有人反驳道："小题大做，你是没见过他老爸嵇康的绝世容颜。"嵇康的字是叔夜，刘勰在《文心雕龙》里说的"叔夜俊侠，故兴高而采烈"就是讲嵇康经常兴致很高，气质非凡，他的形象和才华相得益彰。

他的形象很好，时常穿一身素袍再背一把古琴，整个人看起来很有仙风道骨。据说有一次，嵇康上山采药，途中遇到一位樵夫，樵夫在人迹罕至的山林里，突然看见这么个飘逸俊朗的美男子，吓得大喊："神仙下凡了！"这个故事画面感很强，我们完全可以想象得到嵇康那种内外兼修的气质。

在才华方面，嵇康的文章写得特别好，对养生研究颇深，他写的《养生论》是我国第一部系统的养生学专著。而且，他在音律上也颇有造诣，他在《声无哀乐论》中提出"声无哀乐"的观点，意思是音乐、声音是客观存在的，我们之所以会在听音乐时产生悲伤、喜悦、激昂等感受，是因为我们内心产生了情感，而不是音乐本身有什么情感。这个观点在当时是非常具有颠覆性、前沿性的。所以时至今日，《声无哀乐论》在中国音乐史上仍是一部位于奠基地位的巨著。除此之外，嵇康还写得一手好字，绘画和弹琴也样样精通。

02

这样一个才貌双全的男人，不管是在现在还是过去，都是相当抢手的，嵇康很快就被曹家看中，做了曹家的女婿。

历史上记载嵇康娶的是曹操的孙女长乐亭主，也有人说是曹操的曾孙女。关于这段攀高亲的婚姻，有人说长乐亭主长得特别丑，是她的父亲曹林钦点的嵇康，成婚当天，曹林激动地在家里大喊："我家这个丑得没边儿的丫头，终于找到一个才貌双全的人了！"还有一种说法是，有一年春天，嵇康在踏春的时候偶遇长乐亭主，长乐亭主正骑在牛背上闲逛，小亭主衣袂翩翩，乌发飘飘，一路笑声清脆悦耳，嵇康对她一见钟情了。当然，哪种说法是真的，也只有当事人知道了。但唯一可以确定的是，嵇康通过婚姻成了曹魏的皇亲贵胄，还得到一个中散大夫的官职。这个中散大夫主要是干什么的呢？简单来说，就是监督大家的言论，以防有什么过分的、敏感的言辞，工作量不大，待遇还很丰厚。所以，天生爱自由的嵇康对这份工作非常满意。

按理来说，作为曹魏家的女婿，未来的人生路想来不会太难走。可是奈何人生无常，世事难料。嵇康没干多久就发现了问题。当时，魏明帝曹睿病逝了，他把九岁的小皇帝曹芳托付给曹爽和司马懿来辅佐，本来是想着让这两位重臣互相制衡，没想到这二位直接把朝廷变成了曹魏家族和司马家族争权的战场，朝堂斗争的紧张气氛一度达到顶峰，一时之间洛阳城内人心惶惶。

作为曹家女婿的嵇康，仔细琢磨了这事，感觉不太对。看现在这个风向，曹家式微，司马家族日渐强大，身为曹家的女婿，他只要一天在朝堂，就不可避免地被卷入政治斗争。而就他的自由散漫性子，在斗争中绝无胜算。所以嵇康思来想去，决定连夜辞官，带着老婆孩子跑去河内山阳（今河南省修武县）隐居去了。

在山阳附近有一片竹林，嵇康就在竹林里修了一个院子，取名为"嵇山别墅"。当时阮籍、山涛、向秀、刘伶、阮咸、王戎等人都先后来到这里跟他交往，一帮人整天在竹林里聊天、喝酒、弹琴，好不快哉。当时他们还有一大爱好，就是长啸——比谁喊的声音大。其中喊得最好、水平最高的是阮籍，他能做到"引吭高啸，声震山谷"。当时虽然外界动荡不安，但这里就像一个世外桃源，他们七人被世人称为"竹林七贤"。

—— 03 ——

后来，外界越来越动荡，一直称病的司马懿，趁着曹爽陪皇帝曹芳离开洛阳去拜谒魏明帝曹睿，以三千死士起兵发动著名的"高平陵之变"。据史书记载，在这场政变中，司马懿不仅诛杀了曹爽，凡曹氏门生故旧，亲信党羽，男女老幼无一幸免，被杀者近七千人。所以"高平陵之变"后，政权彻底被司马家族掌控了。

嵇康虽然自己不愿意参与政斗，但作为曹家女婿，他看到这个局面还是忍不住暴跳如雷，三十二岁的他也是年轻气盛，当即号召了几百个村民，打算让大伙儿带着自家的锄头耙子，去支持正在前线攻打司马氏的大将军毌丘俭。

但嵇康的愤义之举最后没有实施，为什么呢？嵇康有一个好哥们儿叫山涛。当时山涛在司马阵营里工作，嵇康准备上前线之前，就把自己的打算告诉了山涛。山涛真的是一个好兄弟，不仅没有给司马氏透露一点风声，还帮嵇康客观分析了局势，他认为曹魏政权已经斗不过司马氏了，所以这种冲动的事情，千万不能干，嵇康去了等于送人头。果然，没几天，毌丘俭军队全军覆没的消息就从前线传来了。可以说，山涛变相救了嵇康一命。

"高平陵之变"后，嵇康虽然是毫发无伤，但他从内心彻底与司马政权决裂了。而偏偏这个时候，司马昭关注到嵇康的才华，特地派人来邀请嵇康去司马阵营当幕府属官。

嵇康听到这个消息大为震惊，自己早已对司马昭恨之入骨，而对方居然还想招揽自己。所以，接到诏令的嵇康，二话不说，连夜打包行李跑去河东郡躲了起来，而这一躲就是三年。在这三年里发生了很多事情，嵇康曾经的好朋友阮籍、山涛、向秀，都先后加入了司马阵营。虽然说他们出山当官多少是迫于司马氏的威胁，可在嵇康看来，那些昔日的好友到底是服了软，这让嵇康心里充满了悲愤。

不过，嵇康知道自己无法左右别人的决定，但他是决不妥协的，依然过着隐居的小日子。

———— 04 ————

嵇康有一个奇怪的爱好，就是打铁。隐居期间，嵇康几乎每天都会抡着他的大铁锤，在树下旁若无人地哐当哐当地打铁。他还不知道，自己平静的日子很快就要被打破了。

有一天，嵇康家门外来了一位客人，这个人是他的"铁杆粉丝"，名叫钟会，是大书法家钟繇的儿子，钟会父子俩都是司马政权的人。钟会本身就十分厉害，他少年得志，博览群书，长大之后精通玄学，声名远扬。但钟会偏偏特别崇拜嵇康，不止一次请求拜访嵇康，但嵇康却总是对他不屑一顾。

在《世说新语·文学》中记载了一个有趣的故事："钟会撰《四本论》始毕，甚欲使嵇公一见，置怀中既定，畏其难，怀不敢出，于户外遥掷，便回急走。"

什么意思呢？意思是有一次钟会拿着自己写的《四本论》，想找偶像嵇康帮着指导点评一下，他刚走到嵇康家门口，就看见嵇康光着膀子在院子里打铁，见到偶像的钟会一下紧张得不得了，在门外徘徊了半天,最后他竟然直接把自己的书往嵇康院子里一扔,撒腿跑了。

我们想象一下当时的画面,钟会对嵇康期待非常高,他自己本身也是一个很聪明、很厉害的人,面对自己的偶像,竟然如此紧张和卑微,还是很可爱,很有趣的。

后来钟会做官步步高升,成了司马昭的心腹,他内心也自信多了,并且还一直惦记着要拜访偶像嵇康这件事。有一次,钟会终于下定决心去见嵇康,就找来一帮王公贵胄帮他撑场面,大家带着珍贵的礼物,浩浩荡荡地去找嵇康交朋友。他们走到嵇康家门口一看,嵇康还是光着膀子在院子里打铁,向秀则在旁边拉风箱。嵇康和向秀抬头看了看满院子的人,再看看钟会,竟然什么都没有说,继续"沉浸式打铁",就好像这些人是空气似的。一开始,钟会还是有耐心的,觉得自己有些冒昧,也没打招呼就带着人直接冲了过来,想着等他们忙完再慢慢聊。结果他干等了两个小时,嵇康根本没有理会他的意思,钟会非常尴尬,只好悻悻离开,没想到他刚转身,嵇康就问:"何所闻而来?何所见而去?"意思是说:你来的时候听到了什么?你走的时候看到了什么?嵇康的言下之意是:你就是来看我打铁的吗?这就看好了,要走了?

当着这么多名士的面,钟会被嵇康一番羞辱,气急败坏地回道:"闻所闻而来,见所见而去。"意思是:听到了所听到的才来,看到了所看到的才走。就是说:对,我就是来看你打铁的,铁打得不错！然后扬长而去。

在嵇康看来，这件事没有什么不妥，无非就是赶走了一个自己看不惯的小人。但钟会却落下了心结，之前所有的崇拜和喜爱，全都化为怨恨。而嵇康也没有想到，由爱转恨的人究竟有多可怕。

——— 05 ———

看过史书就会知道，嵇康死的时候只有四十岁，而且是含冤而死。他是如何从一个与世无争的隐居者，一步步沦为阶下囚，最后把自己送上断头台的呢？概括来说，嵇康的三篇文章让他命送黄泉。

第一篇文章叫《管蔡论》。当时司马昭虽然还没有明目张胆地篡位，但是基本已经掌控了政权，他还经常公然在朝堂上羞辱小皇帝曹髦。有一次，嵇康就趁曹髦讨论周公、管蔡孰是孰非的时候，写了一篇叫《管蔡论》的文章。在这篇文章里，嵇康借用了"周公平管蔡"这个历史典故，表面上是在为大家公认是叛徒的管蔡洗白，实际上是讽刺如周公一般的司马家族心怀不轨，反正就是明眼人都看得出来，一般人都明白嵇康指桑骂槐的意思。好巧不巧，这篇文章被司马昭看到了，司马昭瞬间暴怒，但嵇康文章写得隐晦，司马昭也没法直接给他定罪，但这件事却在司马昭心里埋了一颗钉子。

第二篇文章就是那封历史上惊天动地的绝交信《与山巨源绝交书》。公元261年，嵇康的好朋友山涛已经在朝中做官好几年，成为司马氏政治集团的得力干将，后来山涛升官要去将军府当参谋，离任前他想正好借这个机会救一救水深火热之中的嵇康。于是，山涛就想举荐嵇康来接替自己原来的官职。没想到嵇康一听到这消息，不仅毫不领情，还怒火中烧，洋洋洒洒地写了一篇一千四百多字的绝交信丢给山涛，他们俩友谊的小船，就这样说翻就翻了。

嵇康为什么要写这样一封绝交信呢？这封信背后有什么隐情？这封信上又写了什么呢？信中，嵇康先明确拒绝了山涛的邀请，然后他列出"必不堪者七"和"甚不可者二"来陈述自己不能从命的理由。"必不堪者七"意思是他有七件绝不能忍受的事情，在这里，嵇康把自己说得非常不堪，说自己爱睡懒觉、不善言辞、不洗脸、不洗澡，身上还长满了虱子，浑身瘙痒，等等，他非常残忍地亲自把自己美男子的形象击得粉碎。而"甚不可者二"，就是两个更不可能容忍的理由，其中之一就是"非汤武而薄周孔"，意思就是他不能当这个官，最重要的原因就是，司马氏一直觊觎曹魏的天下，想让曹魏天子学尧舜禅让皇位给自己，这是谋逆。

所以这封信把山涛读得后背直冒冷汗。而就是"非汤武而薄周孔"这句话，狠狠地戳中了司马昭的痛点，这等于扯了他的遮羞布。上一篇《管蔡论》在司马昭心里埋的钉子还没拔掉,这次又埋下去一个定时炸弹。司马昭是恨不得立刻找个借口杀了嵇康。而这个机会很快就来了。

嵇康还有两个朋友,两人是亲兄弟,哥哥叫吕巽,弟弟叫吕安。这两兄弟有一天大吵一架,原因是哥哥吕巽欺辱了弟弟吕安的妻子。弟弟吕安一气之下,打算将哥哥告上朝廷,但嵇康跑过去劝他,说家丑不可外扬,还是先忍下来吧。谁知,哥哥吕巽为了掩饰自己的罪行,居然恶人先告状,上诉朝廷说弟弟"不孝",然后吕安就因"不孝"下狱了。嵇康一看,自己和吕安明明是吃亏的一方,现在反被吕巽陷害,他气得提笔就给吕巽写了一封绝交信,但这次的绝交信写得很敷衍,总共二百多字,大意就是:我真没想到,这件事你做得这么绝,我无话可说,以后我没心思再跟你交往了,拜拜吧。

获罪的冤大头弟弟吕安也气不过,他在狱中也给嵇康写了一封信,但这封信中途被人拦截了,好巧不好,拦截这封信的是一个故人,一个有旧怨的故人——钟会!钟会看到信中有很多情绪激烈的词,比如"顾影中原,愤气云踊……平涤九区"等等,他就旁征博引,跑到司马昭面前添油加醋、歪曲语意,直接把这封信解读成了一封"造反"信,而这也正好中了司马昭的下怀,忍了嵇康这么久,现在终于可以新账旧账一起算。于是,嵇康就被司马昭打入了死牢。

在牢里，愤怒的嵇康写下一首《幽愤诗》，说自己"昔惭柳惠，今愧孙登。内负宿心，外恧良朋。仰慕严郑，乐道闲居。与世无营，神气晏如。"这首怒斥世道黑白不分的诗作，一下就传遍了京城。

公元263年，嵇康行刑当天，场面非常壮观，现场自发聚集了三千多名太学生，他们都跑来救嵇康，为嵇康集体请愿，但这又起了反作用，司马昭一看嵇康影响力这么大，他又公开反对自己，所以嵇康非死不可。行刑前，嵇康非常镇定，不吵不闹，也不喊冤，只是叫哥哥嵇喜帮他拿来自己的古琴，然后旁若无人地弹了一曲《广陵散》，曲终他大叹一声："袁孝尼曾经想学这首曲子，我没舍得教他。《广陵散》于今绝矣！"然后他仰起头，慷慨赴死。

我们今天听到的《广陵散》已经是后人重新编纂整理过的了，而真正的原版《广陵散》，早在嵇康那一声长叹中，随着他一起去了。

《广陵散》讲述的是勇士聂政刺杀韩王的故事，曲调充满杀伐之气，其实我们可以想象嵇康临终时，面对司马氏和三千学子，他演奏这首曲子的场面是何等震撼和悲壮。

其实嵇康临死前，还对儿子嵇绍说了一句让所有人都倍感意外的话，他说："巨源在，汝不孤矣！"就是说：孩子，有你山涛大爷在，你不会成为孤儿的。我们乍一听这话，会觉得奇怪，嵇康怎么会在临死前，把儿子托付给一个自己公开绝交的人呢？其实历史上有一种猜测，嵇康虽然闲云野鹤，不愿加入纷争，但他并不糊涂，他当时知道自己已经被司马氏盯上，迟早会丧命，而一封公开绝交信，就等于把好朋友山涛推到了自己的对立面，从另一个角度来说，这是一种对山涛的保护。而他临终托孤，则是他对山涛十二分的信任。嵇康死后，山涛信守承诺，把嵇康的儿子抚养成人，为他留住了血脉，并且在二十年后，山涛亲自引荐，带嵇绍入仕，官至侍中。

我们可以看出，嵇康内心也有柔软的另一面，一个人再厉害，再冷酷，当他作为父母，面对自己的孩子的时候，也会变成一个普通人，露出真情的一面。嵇康自己可以宁死不屈，但他一定要保全儿子，而且我们完全有理由相信，在他递出绝交信的那一刻，他其实已经在谋划着一盘大棋了。如果这种猜测是真实的，那么嵇康真的很令人感动。

纵观嵇康一生，他是放荡不羁爱自由的任性公子，但他更是不畏强权，不媚世俗，宁为玉碎，不为瓦全的千古名士。嵇康用自己的纯粹和刚毅对抗黑暗的世道，我们现在看来，可能会觉得他太过天真，有些自不量力，但正是他的这份纯粹和耿直，让两千年之后的我们依然对他充满敬意，依然被他的故事打动，这也是嵇康能够成为竹林七贤的精神领袖的重要原因。他身上的自由、刚正和纯良，让他称得上是千古名士。

阮籍：
看清生活的真相，依旧热爱生活

他身处政治漩涡之中，
又独立于朝堂风云之外，
这既是他的无奈之举，
也是他的智慧之策。

01

竹林七贤中,我觉得阮籍是一个非常厚重丰满的人物。

公元210年,阮籍出生了。阮籍的父亲叫阮瑀,擅长诗赋,在当时颇有名望。曹操听说阮瑀是个人才,为了招揽他到自己手下工作,亲自出马请了他好几回,没请动,阮瑀甚至还跑进山里躲了起来。而曹操"宁教我负天下人,休教天下人负我",他直接带人放火烧山,终于把阮瑀收入营中,成为自己的得力干将。只可惜没干几年,阮瑀在四十多岁的时候就病逝了,留下妻子和一个刚满三岁的孩子,这个孩子就是阮籍。

阮籍和母亲相依为命,在乱世无依无靠,也没有经济来源,日子一度十分艰难,幸好曹操的儿子曹丕时常来帮衬这对孤儿寡母。这是怎么回事呢?一开始,阮瑀不愿意为曹操效力的原因,是他认为曹操挟天子以令诸侯,就是篡权,如果不是曹操放火烧山,逼得阮瑀走投无路,他还真不愿意入曹操门下。但是阮瑀却与曹丕十分交好,两人因诗赋结缘,经常在一起饮酒聚会、吟诗作对,还都位于"建安七子"之列。所以阮瑀去世之后,作为好兄弟的曹丕自然想着要帮衬他的妻儿。因此,在阮籍的心里,曹氏家族以及魏朝对自己有恩,这也让他从小就在心里萌生了建功报国的愿望。

虽然自小失怙,但阮籍完美地继承了父亲的优点,八岁的他就可以出口成章。

阮籍还喜欢弹琴、长啸,《世说新语》里记载:"阮步兵啸,闻数百步。"这个"阮步兵"指的就是阮籍,步兵是他后来做过的一个官职。这句话的意思是,阮籍在竹林里长啸,声音非常响亮,可以传一百步那么远。

除此之外,阮籍还练得一手好剑,他在《咏怀诗》里曾得意地写道:"少年学击剑,妙伎过曲成。英风截云霓,超世发奇声。"意思是自己小小年纪,剑术却相当精湛。

阮籍从小就立下了高远的志向,要济世救民,匡扶天下,所以他一心渴望入仕,成就一番事业,可面对纷纷扰扰的乱世,这条路哪里是这么好走的呢?

阮籍十七岁的时候,一直关照他的曹丕叔叔去世了,阮籍在悲痛之余,却也相信,即使没了曹丕这棵大树,他凭自己的能力,也能闯出一片天。然而,让他没有想到的是,时代已经变了。

魏晋南北朝是中国历史上时局比较动荡的一个时期,稳定、牢固的中央集权始终难以建立起来,"禅让"非常频繁:汉禅魏,魏禅晋,晋禅宋,宋禅齐,齐禅梁,梁禅陈,周禅隋……每一次禅让背后都充斥着阴谋和杀戮。在这种情况下，很多文人士大夫深感传统的儒家思想难以救世，更难以保护自己，于是他们的人生观和价值观都发生了动摇，很多文人士大夫转而把玄学当成了精神寄托，在当时，玄学成为一种时代思潮。

而这些人中，非常具有代表性的就是竹林七贤。其中的"颜值担当"兼精神领袖嵇康，曾毫不掩饰地说，他要"越名教而任自然"，"非汤武而薄周孔"，意思就是要推翻礼仪繁复的儒教，学习庄子的无拘无束。不仅嵇康如此，刘伶、阮籍都是如此。从理论上来说，这些人是希望用道家思想来解放人性；而从现象上来说，他们恣意任性地颠覆礼法，甚至很多时候矫枉过正，比如阮籍爱哭，刘伶经常在家里不穿衣服，嵇康整天在院子里打铁，这些行为在我们现在看来非常怪僻，实际上这是他们内心对当时虚伪礼法僭越的一种表达。

曹丕去世后，阮籍只能主动为自己的仕途争取机会，他写了一篇《乐论》，呼吁"礼乐正而天下平"。文章一经问世，果然掀起轩然大波，但是阮籍并没有因此受到赞赏，原因正是前文提到的，那时人们很少推崇儒学里的"济世救民"，"老庄玄学"思想才是当时的"流量密码"，因此这篇化用了儒家的治世思想的《乐论》自然不符合当时名士的喜好。所以此文一出，阮籍没有得到为官的机会，只好回家继续做农民了。

02

公元242年，曹爽和司马懿明争暗斗，朝堂内外风波不断。在这个关键时期，太尉蒋济听说阮籍十分有才，想邀请他来为自己工作，但是阮籍此时已经不想当官了，为什么呢？

我们可以试想一下，在当时这种尔虞我诈、互相厮杀的局势下，也许当个农民是最舒心、最安全的选择，阮籍也意识到了这一点。于是，接到邀请信的阮籍，给太尉蒋济回了一篇《奏记》，在文章里，他说自己是个浅陋粗鄙的人，难担大任，而且他身体很不好，走路都费劲。写完之后，阮籍亲自把这篇文章送到蒋济的吏卒手上。

本来阮籍亲自递送"拒绝信"，是想表达自己诚恳的态度，没想到却闹了一个大乌龙。蒋济听说阮籍亲自来了，以为他是来赴任的，至于那篇《奏记》，不过是一些客气推脱的谦辞。所以蒋济非常高兴，立刻派人去迎接阮籍，结果手下人到门口一看，哪有人影，阮籍早就送完信回家了。

回家后，阮籍的朋友王默就来劝说阮籍，让他不要得罪太尉，还是去上任吧，毕竟被赏识的机会难得。阮籍没办法，勉强答应了。但是他上任没几天，就再也无法忍受官场的乌烟瘴气，便又找借口，称病辞职回家了。

正始十年（249年），历史上发生了著名的"高平陵之变"，司马氏杀害了曹爽，又先后杀了数千名效忠曹爽的大臣，独专朝政。

而阮籍从小就心向曹魏，一直对司马家族不满。他本来希望自己能避开政坛，做一名隐士。没想到这个时候，司马懿向他抛来了"橄榄枝"，阮籍心里很明白，这根橄榄枝布满尖刺，自己一不小心，"橄榄枝"恐怕就变成"利刃"了，而他的一家老小也会性命不保。阮籍权衡再三，只好再次踏上了仕途，后来司马懿去世，阮籍又受到司马师的征召，做了从事中郎、关内侯徙官散骑常侍，司马师病逝后，阮籍又在司马昭麾下做官。

―――― 03 ――――

阮籍生平最大的爱好就是喝酒。他对酒爱到什么程度呢？

有一次，阮籍听说东平的酒很好喝，就跟司马昭申请去东平做官，司马昭为了卖个人情给他，很快就批准了他的申请。但是没过几天阮籍就回来了，为什么呢？因为他觉得东平的酒没有想象中那么好。后来，阮籍又主动提出在军队里任职，原因竟然是他听说军队里有个厨子会酿酒！

阮籍的住宅旁边有一个小酒馆，他自然是那里的"超级会员"，一有空必去喝，一喝必醉，而且喝醉了，就直接躺在酒馆老板娘身边呼呼大睡。一开始大家都以为他借酒劲调戏妇女，后来发现他是真的喝醉，睡着了。由此也可以看出，阮籍非常不拘小节，是一个有真性情的人。

有一年,司马昭想通过联姻的方式招揽阮籍,就派人去阮籍家说媒,准备让自己的儿子娶阮籍的女儿。对一般人来说,司马家族主动联姻是求之不得的好事,但阮籍却"唯恐避之不及"。在他看来,和司马家族联姻,表面上风光,但其实却意味着阮籍将自己和女儿都推到朝堂的纷争里去了。但是,司马昭位高权重,精明至极,阮籍无论直言拒绝还是委婉推脱,估计都会惹得司马昭不悦。后来,他想了一个"狠招",反正自己爱喝酒,天下人尽知,那就喝个够吧!于是,阮籍连灌自己六十多天酒,每次媒人上门,看到的都是一个醉得不省人事的酒鬼,根本没有开口的机会。媒人接连上门,连一句话都说不上,最后媒人对阮籍印象差极了,司马昭也泄气了,联姻这事也就黄了。

自此以后,阮籍的"酒鬼"形象就尽人皆知了。阮籍爱喝酒是肯定的,但他的醉就是纯粹的嗜酒吗?我看不一定,在他所处的时代,政权更迭频繁,人们的信仰崩塌,大家都为了自保尔虞我诈。一开始还抱有鲲鹏之志的阮籍,很快就意识到了这个问题,凭自己一己之力也改变不了天下,他明白自己的理想和当时的现实之间的矛盾是无法调和的,那就不如半梦半醒着吧。所以阮籍的醉,很大程度上是一种逃避、一种自保、一种自我麻醉,也是他不满于现实的一种表达。

04

阮籍还有另一个更奇怪的爱好，就是"哭"。那阮籍有多爱哭呢？有一次，阮籍听说附近一户人家的女儿还未成年就去世了，他直接冲到那家人女儿的灵堂里，号啕大哭。周围所有人都感到莫名其妙，因为阮籍跟这家人完全不熟，满屋子的人本来沉浸在悲伤里，突然闯进来一个陌生男子，哭得比他们还伤心，一时间都被吓得怔住了。但阮籍才不管那么多呢，他自顾自地哭完，扭头就走了。

阮籍四十六岁的时候，他母亲去世了。母亲离世时，阮籍正在外面跟人下棋，听到消息后，他并没有第一时间赶回家，而是硬拉着朋友把这局棋下完才走。到家之后，他先和往常一样，喝了二斗酒，然后才到母亲的灵柩前扑通跪下，放声大哭，一直哭到口吐鲜血。

王勃在《滕王阁序》里写过一句话："阮籍猖狂，岂效穷途之哭！"王勃引用了阮籍一个很有名的典故，叫"穷途之哭"。这个典故是怎么来的呢？公元263年，阮籍的好朋友嵇康被司马昭送上断头台之后，阮籍的济世热情也随之消失了，他的行为也变得越来越乖张、放浪。阮籍每天驾着牛车出门，漫无目的地游走，走到一条路的尽头，就悲伤地放声大哭，哭完之后，换条路继续走，走到尽头再哭一场，就这样周而复始。后来别人就问他："你到底在哭什么呢?"阮籍说:"一个鲜活的生命,就这样逝去了,难道不值得伤心吗?"

听完这些故事,有人可能会觉得阮籍是一个"脑回路清奇"的人,甚至还有点疯疯癫癫。但我们要由表及里地分析,结合他的处境,从他的行为去看他的内心。

阮籍听说别人家女儿去世,一条美好的生命在还未绽放时就逝去了,难道不值得伤心吗?而另一方面,他也知道,生老病死是不可回避的自然规律。

听到母亲离世,阮籍却要继续下棋,这让人很容易联想到庄子在妻子去世之后"鼓盆而歌"的故事,阮籍想用这种异常的"冷静"来表达自己豁达与超然物外的心境,但他又为"肉体凡胎",如何做得到绝对的"铁石心肠"呢?所以后来他依然悲痛万分,在母亲的灵柩前哭到吐血。

至于"穷途之哭",阮籍生逢乱世,他既没有机会实现自己的人生理想,更不能说服自己放下一切选择归隐,内心非常矛盾。所以,真性情的他并不避讳眼泪,反而选择接受情绪,哭完之后,掉转车头,继续前行。这一举动其实很有哲学意味,也是阮籍几十年仕途遭际的影射。

05

在竹林七贤中，最出名的两个人物就是阮籍和嵇康，两人也是莫逆之交。但是在后世人眼中，大家总是公认，嵇康宁死不屈，高风亮节，怀想他《广陵散》的清雅余音。而世人对阮籍的评价却褒贬不一，不少人觉得他不忠于自己年少时的理想，出身曹魏却为司马家族效力，做官也没什么成绩，反倒是靠喝酒出了名，还特别爱哭。

但结合社会历史背景来看，这正是阮籍的高明之处。阮籍虽然不拘世俗礼法，但我们不能说他没有自己的道德守则。生于乱世，很多事情身不由己，官场混乱，阮籍凭一人之力无法改变周遭的残酷环境，也不能潇洒归去隐于平淡，那他唯一能做的，就是"明哲保身"，用一种"半醉半醒"的方式反抗黑暗的现实。但阮籍没有以"逾矩"为代价，他身处政治漩涡之中，又独立于朝堂风云之外，这既是他的无奈之举，也是他的智慧之策。

在《孟子》中有句话说："穷则独善其身，达则兼济天下。"阮籍虽然没有机会做到后者，却踏实地践行着一个"善"字，严格遵守自己的原则，身陷泥沼，但内心不染淤泥，妥协、圆滑，但不与世俗合污。

阮籍的确爱"哭"，但他的哭却不是因为胆小、悲观那么简单，他违背心意接受征召，是因为他知道"死亡"不是解决问题的办法，与其逃避痛苦，不如与痛苦共存。阮籍在苦难中，摸索出了一条"自洽"的路。哭，与其说是宣泄，倒不如说是一种修行，一种接受任何情绪的坦荡。悲则哭，喜则笑，在抒怀之后，立刻抽离其中，不让自己在情绪中内耗。

我觉得在这一点上，阮籍比我们许多现代人要通达。我们生活在一个和平年代，但同样也有自己的苦恼和压力，很多人从小接受的教育是："遇到困难要冷静勇敢，迎难而上。"但我觉得还可以加上一句："迎难而上之后，成败悲喜都值得拥抱。"所以在阮籍身上，我们学到的是，人生之不如意十有八九，学会接受挫折，拥抱苦难，坦然面对自己的负面情绪，以积极的心态接纳他们，走出"自我内耗"。

所以说，相比嵇康，阮籍的人生智慧显得更接地气一些，就像罗曼·罗兰说的那样："世界上只有一种真正的英雄主义，那就是看清生活的真相之后，依然热爱生活。"也希望我们可以热烈又坦然地拥抱自己的生活。

王羲之：琅琊才子，兰亭惠风

他心中有山川丘壑，
也有通览宇宙造化的宽阔胸怀，
他写下的一笔一画，
皆出自肺腑，倾尽心之所感。

―――― 01 ――――

晋惠帝太安二年（303年），王羲之出生在琅琊临沂（今山东省临沂市）的一个贵族世家——琅琊王氏。

琅琊王氏在当时有多厉害呢？在以门阀制为主导的东晋，琅琊王氏家族不仅是琅琊地界的领头人，更是整个东晋数一数二的望族，不仅位高权重，家产更是富可敌国。

王氏家族中有两位大人物——王导和王敦两兄弟，弟弟王导主掌政策事务，在朝中纵横捭阖，而他的堂兄王敦则掌握军事力量，坐镇荆州，两人一内一外，协力辅助司马家族建立了东晋。此外，朝堂上下四分之三以上的官员都与王家有关，纵观整个晋朝，可以说没有哪个家族能与琅琊王氏抗衡，就连司马氏的子孙都要对他们敬让三分。当时民间就有传言，说"王与马，共天下"。这个"马"指的是司马睿和司马氏政权，而"王"说的就是琅琊王氏。

毫不夸张地说，在一千七百多年前那个黑暗乱战的年代，出生在琅琊王氏家族的王羲之，一落地就赢在了起跑线上。而且，王羲之仪表堂堂，书法天赋极高，含着金汤匙出生的他偏偏还特别努力。王羲之就是大家传说中的，家世好、形象棒、天赋高，还特别努力的"男神"。

王羲之自幼酷爱书法，七岁的时候就已经写得一手好字。王氏作为名门望族，在后代的教育上非常重视，家里长辈发现王羲之有书法天赋，于是赶紧找来一位名师教导王羲之写字。

这位老师是谁呢？她是王羲之的姨母，王氏家族的卫铄卫夫人。卫夫人是钟繇的亲传弟子，钟繇就是前文提到的那位对嵇康又爱又恨的大书法家钟会的父亲。所以师出名门的卫夫人，书法造诣极高，后人称她的字有"碎玉壶之冰，烂瑶台之月，婉然芳树，穆如清风"之美，在卫夫人的指点下，王羲之的书法水平获得了很大的提升。

王羲之在十几岁的时候，对书法也形成了自己的见解，他总觉得自己的字虽然形貌规整，但欠缺笔法，通俗地说就是还没有自己的个性。为此，王羲之非常苦恼，一心想要有所突破。

有一回，王羲之在父亲王旷的枕边找到一本叫《笔谈》的书，里面详细介绍了书法的秘诀，王羲之如获至宝，认认真真趴在父亲床边读了起来。正当王羲之读得入迷的时候，父亲突然回来了，问王羲之为什么"偷"他放在枕边的书，王羲之一时间不知道该怎么解释，哑口无言，父亲觉得王羲之年纪尚小，未必能读懂书中的真意，于是准备将书收走，这下王羲之着急了，赶紧说："如果等我长大了再研究笔法，那这几年岂不是就白白练习了？倒不如现在就开始学,免得练错了方法。"这虽然是王羲之成长中的一个小故事,但能彰显出王羲之好学、追求自我超越的精神品质。在王羲之夜以继日的坚持下,没过几年,他的书法就有了超越年龄的"老成之智"。

我们有一句俗语,"不疯魔不成活",要想在某个领域有所成就,那就得拿出台上一分钟,台下十年功的耐心去磨砺自己。王羲之对书法痴迷到什么程度呢?他在院子里的各个角落都准备了笔墨纸砚,只要一有灵感,就立刻把头脑中构思的字写下来。当时,王羲之在书法上已经小有成就,经常有人夸赞他字写得好,面对别人的称赞,他却经常挑自己的毛病。据说王羲之每天练完字,都会在家门口的池子里涮笔,时间久了,池水都被染黑了。后来,人们把王羲之涮过笔的水池叫作"墨池",王羲之曾经居住过的绍兴兰亭、临川的新城山、庐山归宗寺等地,都有这样的"墨池"。

王羲之还因为练字留下了不少成语,比如"入木三分"就是从王羲之这来的。据说,当时的皇帝东晋成帝司马衍要到北郊去祭祀,他也知道王羲之字写得好,于是就让王羲之把祝词写在一块木板上,再让工匠雕刻出来。后来,工匠们雕刻的时候,把木板削了一层又一层,发现王羲之的书法墨迹一直印到木板里面去了。他们削进三分深度,才把墨迹清除干净,可见,王羲之的笔力之雄劲,书法技艺之炉火纯青,笔锋力度竟能入木三分啊!

所以,"入木三分"最早是用来形容王羲之的笔力雄劲。这个传说本身有夸张成分,但是用来比喻书法功力好、分析问题透彻、见解深刻却非常贴切。

―― 02 ――

别看王羲之总是埋头苦练,总是想追求极致,好像对自己永不满意的样子,其实他对自己的书法非常自信,他曾说:"顷寻诸名书,钟张信为绝伦,其余不足观。"意思是,最近找遍了各个大家写的书法作品,只有钟繇和张芝的还行,其他人一般般吧。然后他接着说:"吾书比之钟张,钟当抗行,或谓过之;张草犹当雁行。然张精熟,池水尽墨。假令寡人耽之若此,未必谢之。"这一整段的大概意思是,王羲之自认为,从古至今,只有钟繇和张芝两人的书法非比寻常,其余人都不值得一提,而他自己的书法可以和钟繇比肩,别人也说他能超过钟繇,但现在他的草书水平还比不上张芝,不过只要他像张芝一样努力,未必赶不上张芝。

一千七百多年后的我们来做个见证,王羲之的努力和坚持,果然成就了他,他成为流传千古的大书法家。

王羲之练字并不拘泥于一家一派,也不甘心只临摹前人的字,他观摩各家,博采众长,最终兼撮众法,达到了"贵越群品,古今莫二"的成就。王羲之擅长的有楷书、行书、草书等,他的楷书笔法精致，他的行书遒劲自然，而他最有名的草书，则是浓纤折中，尤其是行草，行云流水，冲淡平和，王羲之也因此被世人尊称为"书圣"。

有一次，王羲之看见一个老婆婆在桥边卖扇子，她的竹扇看起来很简陋，大半晌过去了，一把扇子都没卖出去，甚至都没有人上前来瞧几眼。王羲之见此情形，于心不忍，就提议要在老婆婆的扇子上帮她题几个字，老婆婆不认识王羲之，一听眼前这个年轻人要在自己扇子上写字，赶忙拒绝。但王羲之诚意帮忙，老婆婆一时也想不到更好的办法，就把扇子交给了王羲之。王羲之在扇子上大笔一挥，写了好几个"龙飞凤舞"的字，写完之后，他相当满意地展示给老婆婆看。但老婆婆不识字，更不懂书法，她只觉得王羲之写得潦潦草草，把她原本干净的扇面都弄脏了，很不高兴，想让王羲之赔钱，而王羲之却笑嘻嘻地说："您先别着急，您只管告诉别人，这是王右军写的字。"说完，王羲之就跑了。卖扇子的老婆婆哪里认识什么王右军，她赶紧站起来，就要去追王羲之，但是她肯定跑不过年轻力壮的王羲之，只能气得大喊："该死的王右军！在我的扇子上乱画……"话音未落，立刻就有路人围过来，他们一看，果真是王右军的书法，瞬间如获至宝，没几分钟，一箩筐的扇子就全卖光了。老婆婆这才反应过来，自己遇到贵人了，刚才跑掉的那位原来是时下最厉害的书法家。

"右军"是王羲之的官职，全称"右军将军"。这个官职说来讽刺，王羲之根本就没有上过战场，更不可能领兵打仗，那怎么会成为"将军"呢？王羲之能做将军，不是因为他行军打仗有多厉害，而是因为他出身王氏，受父辈的荫才获得了官职，可以说，这是东晋时代门阀政治的畸形产物。

──── 03 ────

王羲之虽然家世显赫，但他自己却没有因为出身贵族而贪图享受，相反，他还用自己的实力证明了什么是"越努力，越幸运"。

晋明帝太宁元年（323年），当朝太尉郗鉴对时任丞相的王导说，想在王氏家族的子弟中选一个形象和人品都不错的人做自己的女婿。王导当时思索了一番，郗鉴是当朝重臣，郗家也是当时的名门望族，王家要是能跟郗家联姻，两家强强联合，日后的势力不可估量。于是，王导和郗鉴一起办了一场相亲大会，但凡和王家有点亲缘关系的青年男子，都被邀请来参加这个宴会，其中当然也包括王羲之。

王羲之到现场一看，自己的兄弟们个个打扮得玉树临风，只有他着装相当随意。其实王羲之并不关心门第间的联姻，更没有一步登天的想法，所以相亲大会一开始，他就溜到旁边的书房里躲清静去了。好巧不巧，郗鉴正好路过书房，看到王羲之一手摇着扇子,一手拿着半个没吃完的胡饼,衣服穿得松松垮垮,还露着半个肚子,躺在东墙边的床上自得其乐。郗鉴看着这个优哉游哉的年轻人,觉得很有意思,上前交谈之后,发现王羲之内心坦荡,随性自在。郗鉴当即就决定,选王羲之做自己的女婿。这就是成语"东床快婿"的来历,现在用来称赞为人豁达、才能出众的女婿,类似乘龙快婿的意思。

郗鉴的女儿郗璿长得很漂亮,而且郗家也是书法世家,郗璿对书法也颇有研究,她的字还被人称为"女中仙笔"。可以说王羲之误打误撞找到了一个才貌双全的妻子,"撞"上了一门一等一的好亲事。婚后,郗璿给王羲之生下了七个儿子和一个女儿。

有了郗家女婿的身份,再加上自己琅琊王氏的出身,王羲之的仕途水到渠成。然而,由于魏晋时期时局动荡,王羲之的仕途虽说比平常人容易,但也得无奈地到处奔波,辗转多地。

王羲之先是在叔父和郗鉴的举荐下做了秘书郎。秘书郎官职不高,但因为秘书省里收集了很多前朝书法家的真迹,所以王羲之对这份工作爱不释手,每天都盼着去上班。

后来,王羲之被调到偏远的临川做太守,临川地界虽远,但离开了政治中心,也就远离了战乱和纷扰,所以王羲之也能自得其乐。

此后的十几年里,王羲之做过江州刺史等职务,后来还被提拔为宁远将军。

也许王羲之的确有当官的本事，但他似乎并没有做官的志向，《晋书》里记载他对殷浩说自己"素自无廊庙志"，称自己向来不愿做官。因此，王羲之不仅拒绝过吏部尚书这样的高职，在晚年甚至还称病辞官，干脆归隐田园了，这在整个有权有势的琅琊王氏家族中，他算是特例。

那王羲之为什么不愿意当官呢？其实，王羲之的确是个心系百姓的好官，他在职期间干得最多的一件事就是上书，希望朝廷能减轻赋税和徭役，让老百姓能活下去。可见，王羲之并不是没有政治理想，只不过在那个乱世，朝堂内外尔虞我诈，每个人都只顾自己的利益，而他人微言轻，想贴近百姓，做利民利国的事，却入地无门，所以他宁肯舍弃这些虚名虚职，也不愿泥泞的官场玷污了自己的羽毛。这才是王羲之辞职的原因。

———— 04 ————

王羲之一生最有名的作品要数《兰亭集序》。《兰亭集序》全篇二十八行，三百二十四字，每一字都被王羲之创造出一个生命的形象。无论是字的笔画还是结构，各尽自然之态，无不体现魏晋时代特有的潇洒气韵。

相传东晋时期有一个风俗，每年的三月初三，人们都要去河边游玩，以求福驱祸，这种活动被称为"修禊"。文人雅士更是喜欢借此时机举办诗会，王羲之也不例外，他特别热衷于组织这种风雅集会。

永和九年，王羲之像往年一样和其他四十一位文人约在河边饮酒作诗。江南三月，正值暮春之初，又赶上一个天朗气清的好天气，这些文人又恰好选了一个相当雅致的地方，崇山峻岭，茂林修竹，清澈的水流环绕在亭子的周围。这些文人雅士听着潺潺的水声，饮着甘醇的清酒，不由得诗兴大发，玩起了曲水流觞的游戏，他们轮流作了三十七首诗，并且把这些诗编在一起，合成了一本《兰亭集》。但这本诗集还缺少一篇序，于是有人举手提议，让王羲之来写一篇序文。此时，王羲之已经醉意朦胧。半醉半醒的他，听见大家请他作序，便乘着酒兴，拿起手边的毛笔，洋洋洒洒，写了二十八行共三百二十四字，这就是我们现在的传世名篇《兰亭集序》。

> 永和九年，岁在癸丑，暮春之初，会于会稽山阴之兰亭，修禊事也。群贤毕至，少长咸集。此地有崇山峻岭，茂林修竹，又有清流激湍，映带左右，引以为流觞曲水，列坐其次。虽无丝竹管弦之盛，一觞一咏，亦足以畅叙幽情。
>
> 是日也，天朗气清，惠风和畅。仰观宇宙之大，俯察

品类之盛，所以游目骋怀，足以极视听之娱，信可乐也。

夫人之相与，俯仰一世。或取诸怀抱，悟言一室之内；或因寄所托，放浪形骸之外。虽趣舍万殊，静躁不同，当其欣于所遇，暂得于己，快然自足，不知老之将至；及其所之既倦，情随事迁，感慨系之矣。向之所欣，俯仰之间，已为陈迹，犹不能不以之兴怀，况修短随化，终期于尽！古人云："死生亦大矣。"岂不痛哉！

每览昔人兴感之由，若合一契，未尝不临文嗟悼，不能喻之于怀。固知一死生为虚诞，齐彭殇为妄作。后之视今，亦犹今之视昔，悲夫！故列叙时人，录其所述，虽世殊事异，所以兴怀，其致一也。后之览者，亦将有感于斯文。

《兰亭集序》全篇字字遒劲，文中用了二十个"之"字，每一个都不一样，飘逸灵动，姿态万千。如果说这篇序文的书法水准尚且在大家的意料之中，那么最令在场者吃惊的，应该是整篇序文富有深意的内容，短短三百多字，其情感体验却是多重的。它既承载了王羲之对人生悲喜交加的感慨，也显示出他对盛事不常的无奈，对时光流逝的惋惜，对生命无常的哀叹。抑扬顿挫间，流露出王羲之内心或隐或显的悲痛，也贯穿着他积极乐观的入世情怀。

据说第二天酒醒之后，见到自己昨天醉酒后所作的序文，王羲之自己都眼前一亮。只不过昨天这篇随性之作只是草稿，上面还有几处涂改，一向追求完美的王羲之决定重新抄写几遍，选一份作为正稿。但无论他怎么写，都无法再现昨天那份草稿的气质和神韵，王羲之很是苦恼，犹豫半天，还是决定拿一份规整的正稿作序，把独一无二的草稿保存下来，传给了他的儿子王献之。

俗话说"字如其人"，王羲之的书法，既诉说着他多年如一日的勤学苦练，也彰显着他丰富而充盈的精神世界。《世说新语》中说："时人目王右军，飘如游云，矫若惊龙。"这不仅是称赞王羲之的外貌，更是在形容王羲之的心怀。在盛行玄学的魏晋时代，相比漠然地、一味地追求隐逸的处世态度，王羲之更富有生机和活力，他心中有山川丘壑，也有通览宇宙造化的宽阔胸怀，他写下的一笔一画，皆出自肺腑，倾尽心之所感。他的字既有山川的苍劲，也有流水的淡然，他看得透人生的真谛，却不将自己推进痛苦的绝境，而是以积极乐观的心态，在书法中探求"真我"，在现实中寻找"真意"，与热爱同行，骄而不傲，勤学不怠，也正因如此，王羲之才得以冠誉"书圣"之名。

王维：素淡中见真章

他留下了一个诗情画意的风华背影，

千百年来，

一次次惊艳着世人。

01

"诗佛"王维的诗以空灵通透、充满禅机著称,苏东坡曾评价他的作品是"诗中有画,画中有诗"。很多人会好奇,王维到底是如何成为"田园诗大V"的?

我们先捋一下王维的生平,王维与李白同年(701年)出生,但王维的起点比李白高太多了。王家属于河东蒲州的官宦贵族,王维的祖父是宫廷乐官,父亲是汾州司马,母亲出身于五大望族之一博陵崔氏。而李白是商贾之后,在唐朝,人们被划分为"士农工商"四个等级,虽然李白少时家境富裕,但从商的李家地位很低,低到李白连参加科举考试的资格都没有。可以说,相较于李白,王维有更高的起点。

王维从小就接受了良好的家庭教育,祖父教他弹琴,父亲教他诗文,而母亲不仅教他绘画,还给他讲佛经。王维聪明伶俐,在家人的教导下,他小小年纪就能写诗,擅长弹琴和绘画。关键是,他长得还十分俊美,身材高挑。唐代的《集异记》对王维长相的记载是:"维妙年洁白,风姿都美,立于前行。"

不幸的是，在王维九岁时，他的父亲突然去世了，自此家道中落，母亲只好带着他和他的五个弟弟妹妹一起回了娘家。十五岁的时候，王维离开家乡独自去帝都谋取功名。

即使来到长安，父母家族的光环仍笼罩着王维，加上自身才貌双全，王维的开局是非常顺利的，当时很多王公贵胄都争相邀请王维到家里做客。

十七岁那年的重阳节，王维在长安想家了，于是他写下一首《九月九日忆山东兄弟》：

> 独在异乡为异客，每逢佳节倍思亲。
> 遥知兄弟登高处，遍插茱萸少一人。

这里要注意，诗中的山东可不是今天的山东省，而是华山的东边——王维的山西永济老家。

与王维后来那些富于画意、构图设色非常讲究的山水诗不同，这首抒情小诗写得非常朴素，但千百年来，后人在作客他乡时，只要读到这首诗，就能产生强烈的共鸣，而这种感染力正是来源于这首诗对质朴情感的高度概括——长安多热闹啊，但越是繁华，在茫茫人海中的游子就越像浮萍一样孤独。我们可以想象，一个人站在灯红酒绿的高楼大厦中，却找不到自己的归所，这是一种怎样的失落和无助。所以第一句"独在异乡为异客"，王维用了一个"独"字，两个"异"字，来表达自己的孤单处境和对亲人的思念，有一种沉甸甸的分量感。然后他说"每逢佳节倍思亲"——这种情感不是重阳节独有的，是只要过节，自己心里就会有一种失落感。

这两句直抒胸臆，真诚、直接地引发我们的共鸣。而后两句就从自己抒情，转换为亲人的视角，因为人们有在重阳节登高的习俗，他遥想此刻兄弟们正带着茱萸登高，他的缺席让家里人不能团聚。这种写法也见于杜甫的《月夜》：

> 今夜鄜州月，闺中只独看。
> 遥怜小儿女，未解忆长安。
> 香雾云鬟湿，清辉玉臂寒。
> 何时倚虚幌，双照泪痕干！

安史之乱期间，杜甫被关在长安的监狱里过中秋节，他写下这首诗，其中前四句的意思是：此时中秋月夜，我的妻子一定独自看着月亮思念我，而身旁的孩子太过年幼，还不知道母亲为什么思念长安。杜甫也是很"嘴硬"了，明明是他想念妻子，却从妻子的角度下笔，写妻子思念自己。

02

　　王维在长安交往的众多朋友中，有一位尤其尊贵，就是唐玄宗的弟弟歧王李范。李范和王维非常谈得来，还把王维引荐给唐玄宗的妹妹玉真公主。十九岁的王维抱着琴给玉真公主表演了一首自创的《郁轮袍》，玉真公主大为赞赏，立刻表示要举荐王维。唐朝选拔人才的方式，除了科考，还有"公荐制度"，也就是有声望的人物举荐贤才进朝为官。自身能力本来就突出的王维，有了玉真公主的推荐，他的科考之路一路绿灯，一次就考中了状元，而且那一年他才虚岁二十一岁。

　　然而，王维自己也没想到，这就是他人生的巅峰了。因为王维精通音律，所以他的第一份工作是太乐丞，可以理解为皇家乐团的团长。但没几个月就出事了，他的手下私自舞黄狮（在唐代，只有皇帝才可以观赏舞黄狮，普通官员和百姓并无资格欣赏，更不能私自表演），王维受到牵连，被贬官去山东济州做司仓参军，也就是仓库管理员。

　　历史上对王维的这次贬谪有很多种说法，手下失职可能只是导火索，其根本原因一说是歧王得罪了唐玄宗，王维被好友歧王牵连，因而被贬；一说是王维娶了妻子，惹得玉真公主不高兴了。但不管真实的原因是什么，王维从此就开启了他坎坷的一生。

　　被贬期间，王维的妻子因为难产去世了，一尸两命让他痛不欲生，此后三十年王维再也没有续弦，也不近女色。在他留下的诗作中，我们也找不到任何一首关于情爱的作品。说到这，有人可能要问了，王维不是写过一首《红豆》吗？

红豆生南国，春来发几枝。
愿君多采撷，此物最相思。

其实这首诗是王维写给自己好朋友——盛唐"流行乐坛天王"李龟年的，这首诗还有一个别名叫《江上赠李龟年》，李龟年晚年流落江南的时候，还经常演唱这首诗。所以王维对妻子的专情，无论是放在过去还是现在，都是难能可贵的，他绝对是一个宝藏好男人。

妻儿都去世后，王维本想就此隐退，但隐居了几年，而立之年的他还是放不下心中的抱负。此时，德高望重的惜才贤臣张九龄被加封为金紫光禄大夫，深受重用，王维再次看到了希望，他马上写了一封自荐信递给了张九龄。张九龄对王维的才名也早有耳闻，直接给他提拔为右拾遗，就是谏官。谏官这个职位比较特殊，虽然级别不高，属于八品，但可以直接向皇帝提意见，直通中心，才华也有了施展之地。这一年，王维三十五岁。

但好景不长，在王维做谏官不到两年的时候，张九龄被李林甫陷害，罢相贬为荆州长史。为此，王维特地写下《寄荆州张丞相》，为张九龄送别：

> 所思竟何在，怅望深荆门。
> 举世无相识，终身思旧恩。
> 方将与农圃，艺植老丘园。
> 目尽南飞雁，何由寄一言。

诗中王维真诚地表达了自己对张九龄的崇敬和知遇之恩的感激，关键这首诗的题目很扎眼，叫《寄荆州张丞相》，这时的张九龄已经不是丞相了，而王维难道会不知道他这样的称呼，会给自己惹麻烦吗？他肯定知道，但还是故意为之，因为在王维内心，他认可张九龄，认为他配当丞相，因此这个题目的言外之意就是：管你们这些官宦世人怎么看我呢，我就认我这个朋友了。

非常地男人，很有风骨。

张九龄被罢相贬去荆州的同一年，王维也受到了排挤，朝廷安排他作为监察御史出使河西。

这是王维第一次去边塞，在赴任途中，他为壮阔的边塞风光所震撼，写下了著名的边塞诗《使至塞上》：

> 单车欲问边，属国过居延。
> 征蓬出汉塞，归雁入胡天。

> 大漠孤烟直，长河落日圆。
>
> 萧关逢候骑，都护在燕然。

这是王维最有名的一首边塞诗，"大漠孤烟直，长河落日圆"成为描述边塞壮美风光的千古名句。

当然，在他出使的一年多里，还留下了不少边塞诗，比如《从军行》《出塞作》《观猎》等。

—— 03 ——

开元二十八年（740年），四十岁的王维从河西调回长安已经一年了。这一年发生了很多事情，王维的铁哥们儿孟浩然病逝了；在河西认识的好朋友崔希逸，也遭陷害抑郁而亡；恩师张九龄在告老还乡后也与世长辞。而唐朝政坛此时更是乌云密布，杨贵妃得宠，李林甫当政，安禄山升官……心灰意冷的王维此时虽然已经复官，但本来生性恬淡的他，在经历这么一遭波折之后，对功名利禄已经兴趣全无。此时，王维的母亲崔氏已经六十多岁，因此他打算把母亲接来长安同住，为她养老尽孝。于是，王维在蓝田辋川（今西安蓝田）买下了已故诗人宋之问的旧宅，并取名"辋川别业"。

王维曾经画过一张辋川别业的全景图，但后来失传了，现在我们看到的《辋川图》都是后人的摹本，从这些摹本中，我们依然可以看出当年辋川别业的图景。这是一座山水大院，王维在翻修的时候，利用了自然天成的景致，随物赋形，就地取材，这也成为辋川别业的最大特色。比如辋川别业的中心是一个湖，湖面的西南高而东北低，呈倾斜状，王维就称之为"欹湖"，在欹湖北面有两个高大的土丘，上面的房屋就叫"北垞"，而欹湖南面的房屋就叫"南垞"。湖边还设置了"白石滩""临湖亭""辛夷坞"等一些景点。可以说，王维将他的山水诗画艺术充分地融入了辋川别业，而那幅失传的《辋川图》也开启了中国画的诗画并重的先河。

庄园修好后，王维就将弟弟和母亲都接了过来，从此他在这里过起了半官半隐的生活。

王维还有一个非常要好的朋友，叫裴迪。裴迪当时也卖掉了自己在终南山的宅院，跟着王维一起去了辋川别业隐居。辋川别业独占一个山头，我们可以想见其面积有多大。王维和裴迪经常在辋川别业里游山玩水，他们每到一处景点就写下一首诗，后来这些诗都收录在《辋川集》里，一共四十首，王维和裴迪每人二十首，分别对应辋川别业里的二十处景观。比如，里面最有名的一首诗是《鹿柴》：

空山不见人，但闻人语响。
返景入深林，复照青苔上。

鹿柴是辋川别业中一个景点的名称，这首诗就生动地还原了鹿柴的景色：空荡荡的山谷中看不见一个人影，但在层岩叠嶂中又好像听见有人说话。落日的余晖穿过枝叶，斑驳地洒进深林，又落在青苔上。好一幅诗情画意的景象。

《辋川集》中的诗句，都有这种山水画意境的风格，比如在"竹里馆"这个景点，王维写下：

独坐幽篁里，弹琴复长啸。
深林人不知，明月来相照。

在"白石滩"，王维又写下：

清浅白石滩，绿蒲向堪把。
家住水东西，浣纱明月下。

在自然山水中居住的日子里，王维悟出了很多生命的真谛，这也是他形成"诗中有画，画中有诗"的"山水田园"诗风的关键时期。

04

本来王维以为他的后半生就这样过下去了，结果很不幸，他赶上了唐朝历史上著名的"安史之乱"。安禄山的叛军在潼关大胜哥舒翰之后，长安就沦陷了，唐玄宗第一时间带着杨贵妃仓皇西逃，而长安城里一大批还没来得及逃走的官员则被叛军俘虏了，王维就是其中之一。

而更倒霉的是，安禄山虽然从小没读过什么书，但特别崇拜琴棋书画样样精通的王维。他听说叛军从长安绑回来的高官贵胄里有王维，高兴坏了，立刻派人告诉王维，希望他可以在自己手下任伪官。王维自然是不愿意的，他为了推托，就托人弄来了一些泻药吃下，天天让自己上吐下泻，谎称得了痢疾，以此来拖延时间。

有一次，安禄山举办宴会，他让一批被俘的乐工为自己奏乐，其中有一个叫雷海清的乐工，不仅誓死不演奏，还生气地把琴一把砸在地上。这一举动惹恼了安禄山，他当场就把雷海清给杀了。关在菩提寺里的王维得知这个噩耗，悲愤地写下了一首《菩提寺禁裴迪来相看》（又称《凝碧池》）：

万户伤心生野烟，百官何日再朝天。
秋槐叶落空宫里，凝碧池头奏管弦。

意思是：百姓们都因战乱而伤心，百官什么时候能再次朝拜天子呢？秋天的槐叶，落在没有皇帝的宫殿里，昔日的禁地凝碧池，如今却成了叛徒们享乐的地方。

这首诗的字里行间，都充满了王维对亡国的悲痛和对唐玄宗的思念。在写完诗之后，王维无奈地接受了安禄山的伪官，而这也成为他一生唯一的污点，他也为此追悔半生。

第二年（757年），唐军收复长安、洛阳，唐肃宗回朝，凡是当时依附过安禄山的人，都被判了罪，而王维却因为那首《凝碧池》，让唐肃宗看到了他的忠贞，再加上王维的弟弟王缙以自己平叛的功绩为王维抵罪，主动提出被贬蜀州，保住了王维一命。

经过此次变故，王维越发沉默了。他仍然按时上班，却在每天下班后，脱下官服，穿上素服，点上一炷香，念起了佛经。此刻的王维，对世事早已看淡，所谓功名利禄，不过是梦一场。所以他说"晚年唯好静，万事不关心"，他明白这人世的浮沉，自己根本做不了主。他又说"行到水穷处，坐看云起时"，回想起自己二十一岁时少年裘马的恣意，谁又能想到，往后的日子会这么艰难呢？算了吧，不想了，就这样闲看花开花落，淡观云卷云舒吧，连曾经的大唐盛世都能在一夜之间成为过眼云烟，渺小的个人还有什么可执着的呢？

晚年王维官至尚书右丞，但他后来上疏《责躬荐弟表》，又以自己辞去所有职务为代价，换被贬在外的弟弟王缙回京。公元

761年,王维在亲人的陪伴下,安然走完了他的一生,他留下了一个诗情画意的风华背影,千百年来,一次次惊艳着世人。

李白:浪漫天才的孤独

他乐观天真的精神和

浪漫豪迈的诗歌,

就好像一束光,

照亮了我们无数人

失意或顺意的人生。

01

我们的老朋友李白，绝对可以称得上是国民艺术家，也是作品传唱度最高的一位唐朝诗人。

我们之所以喜欢李白，是因为他真诚，他可爱，他纯粹，他不食人间烟火；我们之所以喜欢李白的作品，是因为他的诗就像他的人一样，纯澈、美好，其中充满了对理想的浪漫追求和对人生的奇妙想象。

李白一生最大的梦想就是入仕当官，他要当宰相，当帝王师，以实现自己的鸿鹄之志。但李白一生都没有参加过科举考试，有人说，李白觉得"天生我材必有用"，所以不屑于科考，其实不然。真正的原因是，李白的父亲是位商人，家里虽说不愁吃穿，但唐朝有严重的"阶级鄙视链"，商人的社会地位是非常低下的，低到什么程度呢？"士农工商"，"商人"排在最后面，也就是社会的底层，商人家的孩子是没有资格参加科举考试的。所以，李白作为商贾家庭的后代，即使他有再大的才华，也没办法走科考这条路，李白不是不想参加科举考试，而是他连报名的资格都没有。这也就解释了，李白后来为什么要屡次入赘，当上门女婿，因为只有这样，他的孩子继承母亲的姓氏，才能从根本上改变"商人"这一底层出身，也只有这样，他的孩子才能参加科举考试。国漫电影《长安三万里》中，就讲到了李白含泪入赘许家的故事，所以说，李白潇洒、乐观的外表下，也有悲伤无奈的底色。

在唐朝，如果不能参加科举考试，还有一种方法可以入仕，那就是干谒。具体来说，就是士子们拿着自己的作品去拜访达官显贵，如果遇到伯乐，愿意向朝廷推举他们，这些士子就可以跳过科举考试，直接当官。所以少年李白仗剑走天涯，一生到处游历，真正的目的只有一个——求仕途。

―― 02 ――

李白的才华是毋庸置疑的，我们从小就接触他的诗作，学的第一首诗应该都是：

> 床前明月光，疑是地上霜。
> 举头望明月，低头思故乡。

李白的这首《静夜思》对我们来说太熟悉了，不管是大朋友还是小朋友，我们背诵的时候，几乎不用思索，张口就来。

其实这首短诗背后，是李白难得一见的忧伤。写这首诗的时候，李白二十六岁，人在扬州，当时他的富商父亲已经去世了。《李白年表》中记载，李白在公元726年，游历扬州的时候，"散金三十余万，有落魄公子，悉皆济之"。什么意思呢？就是说，李白在父亲去世后，花钱依然大手大脚，他的钱不仅是给自己花，但凡遇到落魄的公子，他还会给别人花钱，扶危济困。一趟扬州行，大半年的时间，李白身上带的三十万金，很快就清零了。一转眼，到了入秋时节，天气大幅降温，李白连一件御寒的衣服都还没来得及准备，因此感染风寒生病了。此时，他的前途依然是一片渺茫，而且身无分文，正是穷病交加之际，这样的境遇真的让人很难不想家，于是思乡的李白推开客栈的窗户，正好看到一轮明月高挂在天空，他顿时灵感迸发，吟出了这首千古绝唱《静夜思》。

"床前明月光，疑是地上霜"，一个"疑"字，就生动地描绘出李白当时那种睡梦初醒的状态，当然，也可能是生病导致的迷迷糊糊的状态，总之就是迷离恍惚间，他误将月光投射在床前的影子，当成了地面结的霜。而"霜"字，不仅点出了深秋的寒冷，也衬托着李白此刻内心的孤独、寂寞。所以李白仅仅用十个字，就描绘出一幅夜色深邃、月光皎洁、月下人孤寂的画面，营造出一种清冷、凄寒的意境。所以说，李白作诗一绝，就在于他用字之精妙，非一般人能比。

紧接着后两句"举头望明月，低头思故乡"，为什么他抬头遥望孤月，就会想起故乡的亲朋好友和一草一木呢？因为现在自己头顶上的这轮明月，也正是故乡的明月啊。自古以来，无论我们走到哪里，抬起头，世人看到的是同一个月亮，月亮就像一条纽带，将游子与故乡紧紧地系在一起。

一首简短的《静夜思》，就足以让我们体会到李白卓尔不群的才情。李白一生作诗一千零一十首，他的诗风率性奔放，语言浪漫自然，余光中先生评价李白："酒入豪肠，七分酿成了月光，余下的三分啸成剑气，绣口一吐就半个盛唐。"的确如此，李白以他天真烂漫的性格和飘逸若仙的才华，收获了古往今来无数粉丝的追捧，也被后人冠以"诗仙"的盛名。

—— 03 ——

在李白的众多粉丝当中，有一位很特别，他自己本身就是一位卓越的才子，他的诗作也堪称经典，流传至今，他曾高度赞赏李白：

> 昔年有狂客，号尔谪仙人。
> 笔落惊风雨，诗成泣鬼神。

这个人是谁呢？他就是杜甫。

杜甫生于长安，比李白小十一岁，是李白的超级铁杆小迷弟。杜甫在诗中说"昔年有狂客，号尔谪仙人"，这个"狂客"是唐朝诗圈的老大哥贺知章，而"谪仙人"就是我们熟知的李白，他也一直以此自居。

李白"谪仙人"这个昵称，是贺知章给他取的，贺知章为什么要称李白是"谪仙人"呢？这就要说到另一个故事——金龟换酒。

公元742年，四十二岁的李白得知自己被唐玄宗召回长安，任翰林学士，激动地写下"仰天大笑出门去，我辈岂是蓬蒿人"，然后就马不停蹄地进京了。

到了长安，李白先在紫极宫和前辈贺知章见了一面，这是两人第一次见面，这时候，贺知章已经八十四岁了，在朝中任光禄大夫兼秘书监，是文坛和政坛的领袖人物，德高望重。而此时的李白，不过是一个刚刚被召回长安等待入仕的中年小辈。李白见到贺知章的时候很是激动，寒暄过后，李白满心期待地拿出自己刚写的几篇文章，请贺知章指点，其实李白也有自己的小心思，就是"干谒"，李白呈上自己最满意的文章，期望贺老前辈赏识他的才华，引领他的仕途。

贺知章拿过李白的那首《蜀道难》，先是大致扫了一眼，又认真地读了几句，突然，贺知章猛地站起来，对李白说："你，你不是人啊！"李白虽然见过些世面，但是听了这句话，还是一下子怔住了，他的心提到嗓子眼，不知道贺知章是什么意思。贺知章却仰头大笑起来，他说："你这个文章惊天地，泣鬼神，哪里是凡人能写出来的，你肯定是天上的太白金星下凡了，你怕是个谪仙人吧！"说完之后，贺知章就挽着李白的胳膊，拉他去饭馆喝酒了。饭桌上，两个嗜酒如命的忘年交，喝得酣畅淋漓。但是贺知章是一时激动拉着李白来的酒楼，他并没有带钱，李白身上的钱也不够，于是贺知章大手一挥，直接摘下自己身上戴着的金龟挂饰，抵了酒钱，这个金龟可不是普通的配饰，而是代表官员身份的重要信物，类似于今天的工作证，后来两人还差点因此获罪。

从这里可以看出，贺知章的性格也是非常洒脱的，他一生为官五十载，正直清廉，提携后辈无数，八十六岁寿终正寝，是历史上为数不多的，在官场沉浮一生，最后得以善终的人，这与他的智慧和人品是分不开的。

———— 04 ————

那么，这篇让贺知章不过浅读几句，就毫不吝啬地夸赞李白是"谪仙人"的文章《蜀道难》，写得到底有多好呢？

《蜀道难》是一首七言歌行，交替使用长短句。当时，李白的好朋友王炎要去蜀地，李白作诗为他送行，告诉他蜀道非常艰险，最好尽快回长安，不要在那边逗留太久。在这首诗里，李白借助浪漫的想象，展现出从长安到蜀地这段道路的崎岖、突兀和惊险。

  噫吁嚱，危乎高哉！
  蜀道之难，难于上青天！
  蚕丛及鱼凫，开国何茫然！尔来四万八千岁，不与秦塞通人烟。西当太白有鸟道，可以横绝峨眉巅。地崩山摧壮士死，然后天梯石栈相钩连。上有六龙回日之高标，下有冲波逆折之回川。

  文章开篇，三个惊叹词"噫""吁""嚱"先声夺人，抒发了一种有些夸张的惊叹情绪，紧接着一个"难"字，直接进入正题，蜀道难，有多难呢？比上天还要难！随后李白开始上溯历史，说自古以来，蜀地不与秦地相通，只有鸟儿才能飞到峨眉山顶，然后李白又用"五丁开山"和"六龙回日"的神话传说，来描写蜀道的艰险。

  黄鹤之飞尚不得过，猿猱欲度愁攀援。青泥何盘盘，百步九折萦岩峦。扪参历井仰胁息，以手抚膺坐长叹。问君西游何时还，畏途巉岩不可攀。但见悲鸟号古木，雄飞雌从绕林间。又闻子规啼夜月，愁空山。蜀道之难，难于上青天，使人听此凋朱颜！连峰去天不盈尺，枯松倒挂倚绝壁。飞湍瀑流争喧豗，砯崖转石万壑雷。其险也若此，嗟尔远道之人胡为乎来哉！

意思是说，去蜀地的道路，不仅黄鹤无法飞过，即使是猕猴这样灵敏的动物也很难翻越过去。青泥岭山峦盘旋，百步之内就连转九个弯路。走起来要屏住呼吸，惊心动魄，一不小心可能就会摔下万丈悬崖。你此去什么时候回来呢？可怕的栈道实在难以登攀！只见那悲鸟在古树上哀鸣，杜鹃的悲号，在空山中久久回荡。蜀道太难走了，简直难于上青天！听到这些怎么能不吓得人脸色突变？那连绵的山峰离天空不到一尺，陡峭的悬崖上还倒挂着枯松老枝。瀑布从悬崖上飞流而下，撞击石头发出轰鸣巨响。朋友，你为什么要到这么惊险的地方呢？

李白笔下所描绘的画面极具视觉冲击力，这也是李白作品的惊艳之处，他的语言总是充满想象力，甚至是非常夸张的，但夸张的文字中，却是他浓烈的情感体验，他用极富感染力的语言，表达自己的感觉和想象，这与他豪放浪漫的个性密不可分。读李白的作品时，我们也时常会有一种"以手抚膺坐长叹"的感慨。

比如，"问君西游何时还，畏途巉岩不可攀"，一个"巉"字，就足以勾勒出山路的盘旋曲折，但李白后面又用了一个"攀"字，更加生动地刻画了一个面对崇山峻岭，寸步难行，手脚并用的登山人形象。

再例如，"但见悲鸟号古木，雄飞雌从绕林间。又闻子规啼夜月，愁空山"，李白列出"悲鸟""古木""夜月""空山"等一系列具体的景象，让我们不自觉地在脑海中拼凑出一幅寂冷的空山夜晚的图景，我们也不由得被带入到了想象的境地，这就是李白融情于景，以画入诗的精妙笔力。

> 剑阁峥嵘而崔嵬，一夫当关，万夫莫开。所守或匪亲，化为狼与豺。朝避猛虎，夕避长蛇；磨牙吮血，杀人如麻。锦城虽云乐，不如早还家。蜀道之难，难于上青天，侧身西望长咨嗟！

这篇文章最后，李白用八个字"一夫当关，万夫莫开"，来说明蜀道的险要地势，有多险要呢？如果驻守在这里的官员，不是自己非常信任的人，那他可能就会变为豺狼盘踞在此来造反。意思就是说这里易守难攻，可以借助地势，以一敌百。

清晨要提心吊胆地躲避猛虎，傍晚还要警觉蛇灾。豺狼虎豹，毒蛇猛兽，在这里磨牙吮血，害死了很多人。这也是一句双关语，毒蛇猛兽，既可能是山里真正的猛兽，同时也有可能是当地的凶残霸主，所以这句话既是李白对蜀道地势的感叹，也有他对好朋友这一路西行的担忧，再深一层，我们也可以理解为，这是李白对太平盛世背后危机的警觉，他劝诫当朝统治者，让他们警惕蜀中的"豺狼猛兽"，警惕那些"磨牙吮血，杀人如麻"的腐败官史和险恶势力。

——— 05 ———

其实，不只这一篇《蜀道难》能够彰显李白的想象力，他还写过"飞流直下三千尺，疑是银河落九天"这样豪爽的诗句来形容瀑布；用"应是天仙狂醉，乱把白云揉碎"这样浪漫的比喻来形容下雪。他的浪漫和想象力，丝毫不受时空地域的限制，在精练的文字中，巧妙地使用典故，赋予文章深层意蕴，笔墨虽然夸张，却极具说服力，堪称"谪仙之作"。

李白的一生，虽然在仕途上屡屡受挫，未能实现自己的鲲鹏之志，但是他在诗歌上的成就几乎无人可比。李白的诗，题材广泛，语言精练，技法纯熟，而且意境深厚，情感浓烈。他写过气势磅礴的"长风破浪会有时，直挂云帆济沧海"，也写过华丽柔美的"云想衣裳花想容，春风拂槛露华浓"；他写过"抽刀断水水更流，举杯消愁愁更愁"的无奈，也写过"天生我材必有用，千金散尽还复来"的豪迈。李白乐观、天真的精神和浪漫、豪迈的诗歌，就好像一束光,照出了中华诗词永不泯灭的精神,也照亮了我们无数人失意或顺意的人生。

杜甫：深情的现实主义大师

他历经了仕途的挫折和生活的炼化后，
仍然拥有一颗悲悯的心，
把风霜化作雨露，
在苦难中灌溉出花朵。

01

不知道大家脑海里对杜甫有什么样的印象？是觉得他志向远大，怀才不遇，还是感觉他一脸愁苦，忧国忧民？

其实，很多人对杜甫的感情是很复杂的。杜甫的诗，初看，可能会让人觉得，他怎么满腹牢骚呢？特别是跟他同时代的李白相比，李白的诗作，辞藻精美华丽，想象绚烂丰富，而杜甫的作品，意境没有那么优美，情感也不够豪迈、积极，好像杜甫永远无法与"谪仙"李白相提并论。

其实不然，杜甫的诗风，深沉、深情，他和李白一样，也是一生怀才不遇，他们都经历过"安史之乱"的痛苦，也都体验过跌宕起伏的生活。李白生于商贾之家，年轻时家境很好，而杜甫生在一个官宦之家，所以他们在少年时期，都是家里的小公子，衣食无忧。中年时，杜甫不幸赶上了大唐衰微，他在仕途上也是屡屡受挫，理想之路遥不可及；晚年的他更是穷困潦倒，在遗憾和病痛中度过了余生。

所以，杜甫不是"谪仙"，他就像是我们身边的一个普通人，他的诗,朴实、深沉,没有华丽的辞藻,没有"对酒当歌"的畅意,大部分是在记录生活的片段,是在表达生命中某一个瞬间的情感体验。

很多学者说,杜甫本人是"诗圣",杜甫的诗是"诗史",因为他的诗,就是他的一生,以及整个大唐由盛转衰的缩影。

―――― 02 ――――

我们先让时间回到杜甫小时候。

杜甫的爷爷杜审言,是初唐诗坛一把好手,皇帝的御用文人。杜甫的父亲杜闲是一个县官,他的叔叔、舅舅们也个个都是公务员。所以,书香门第长大的杜甫,从小接受了良好的教育,他小小年纪就出口成章。杜甫在《壮游》中说自己:"七龄思即壮,开口咏凤皇。九龄书大字,有作成一囊。"意思就是,他七岁就有豪情壮志,写诗讴歌凤凰般高洁的人,而九岁写的书法作品,攒起来都已经有一大包了。

少年杜甫过着锦衣玉食的生活,他怀揣着美好,也向往自由,他到处游山玩水、寻仙问道。这期间,他也和当时的大部分学子一样,抽空参加了一次科举考试,只是结果并不如人意。但当时杜甫并不在意一次的失败,继续四处游历,他来到了泰山脚下,抬头一看，瞬间被泰山的巍峨震撼了，于是，写下千古名诗《望岳》。

岱宗夫如何？齐鲁青未了。
造化钟神秀，阴阳割昏晓。
荡胸生曾云，决眦入归鸟。
会当凌绝顶，一览众山小。

此时，杜甫"会当凌绝顶，一览众山小"的壮志，绝对不输李白那种"大鹏一日同风起，扶摇直上九万里"的鲲鹏之志，后来李白听到了这首《望岳》，还对最后这句诗赞不绝口。

杜甫和李白的相遇，堪称中国文学史上的高光时刻。

那一天，两人都参加了一场洛阳文友之间的聚会，三十三岁的杜甫遇见了四十四岁的李白。当时的杜甫尚且没有什么名气，还一心想着入仕途，而此时的李白声名远扬，他任职过翰林学士，不久前刚被唐玄宗"赐金放还"。所以杜甫见李白的时候，是惶恐不安的，有一种粉丝见大偶像的心理。但是没想到，两人一见如故，相聊甚欢，虽然两人年龄差了十一岁，当时的社会知名度也相差甚远，但是此刻他们的心情都是一样的，心中都有不得志的愤懑。

于是这两人一拍即合，开始结伴旅行，寻仙问道，跑遍了半个中国。仙人是不可能寻到的，但是在途中，他们结下了"醉眠秋共被，携手日同行"的浓厚情谊，而且还遇到了一个新队友——高适。三个人策马江湖，吟诗对酒，度过了一段很快乐的时光。但天下没有不散的筵席，三十五岁的杜甫回到了长安，重新参加科举，从此他的命运，就与唐朝的兴衰紧紧地捆绑在了一起。

唐玄宗晚年娇宠杨玉环，无心治理国家，朝廷上下的管理大权逐渐落到了宰相李林甫的手中。李林甫是历史上有名的"奸相"，他虽然出身李唐宗室，但文化水平并不高。不过，李林甫的管理能力超群，特别懂得人情世故，当时唐朝的宰相任期是三年，三年一换届，但是李林甫相当厉害，他扳倒张九龄，当了十九年的宰相，在位期间，任人唯亲，排斥贤才，杜甫也不能幸免。

当时，杜甫来到长安一年后，唐玄宗举办了一个恩科考试，即一次临时增设的科考，杜甫赶紧报名参加。没想到考试结果一公布，这一次参加恩科考试的所有考生竟无一人中举。这太不正常了，怎么可能全国上下，一个人才都没有呢？原来，当时的宰相李林甫，担心比他有才的人入仕之后会威胁他的地位——李林甫这个人学历不硬，文化水平低，全靠高超的情商爬到高位，所以他就暗箱操作，索性让所有考生全军覆没，杜甫就是其中之一。

如果只是科举失败，杜甫还不至于过上"残杯与冷炙，到处潜悲辛"的生活，但偏偏祸不单行，杜甫的父亲不久后也去世了，这下让一直靠家里接济的杜甫失去了经济来源，一夜之间他成了落魄公子。但是杜甫并没有回巩县老家，而是继续留在长安，到处拜谒权贵，希望得到一个被举荐的机会。过不下去的时候，他就帮人写诗来维持生活，甚至还做起了卖药的小生意。就这样，他在长安漂泊了十多年。十多年里，每到夜深人静的时候，杜甫总能想起自己当初许下的"会当凌绝顶，一览众山小"的宏愿，他不甘心就此沉沦啊！

杜甫在长安漂泊九年之后，终于等来了一个河西县尉的官职，是一个九品芝麻小官，主要负责收税、征兵。在杜甫这样忧国忧民的诗人眼里，这个官职就是在欺压百姓，所以他拒绝上任，还留下一首讽刺小诗，叫《官定后戏赠》，开头两句就是"不作河西尉，凄凉为折腰"，意思是：这官我不做了，我不要做那种奉承上级的悲凉小人物！

后来，朝廷又给他换了一个官职，叫右卫率府兵曹参军，也就是仓库管理员，这个官职等级比李白的"供奉翰林"还要低很多，但是这一次，杜甫勉强接受了，因为这么多年都是只出不进，他再不上班，一家人真的就走投无路了。正式上任前，杜甫先回家探了一趟亲，路上亲眼看到了什么是"朱门酒肉臭，路有冻死骨"。到家之后，他发现家人都在痛哭，原来自己的小儿子已经饿死了。杜甫悲痛不已，写下《自京赴奉先县咏怀五百字》，一语道破"大唐盛世"背后真实的百姓生活。

03

果然,"大唐盛世"的美梦很快就破碎了,安史之乱爆发,安禄山带领叛军攻进了长安。唐玄宗第一时间带着杨贵妃和一众权贵仓皇西逃,而杜甫这样的小官肯定不在第一拨撤退队伍中,他不幸被俘。

看着曾经歌舞升平的长安一夜之间化为破壁残垣,心痛不已的杜甫写下了他的另一首名篇《春望》:

> 国破山河在,城春草木深。
> 感时花溅泪,恨别鸟惊心。
> 烽火连三月,家书抵万金。
> 白头搔更短,浑欲不胜簪。

诗的前四句写景,描写长安破败的景象,长安城里正值春天,但一眼望去,却是树木荒芜,杂草丛生。路边的野花开了,鸟叫声也不绝于耳,但是此时此刻,这样的景象却让"我"潸然泪下。

诗的后四句开始抒情,抒发杜甫对家人的挂念和对流离失所的百姓的悲悯。"烽火连三月,家书抵万金",我们读起来可能觉得有些夸张,但仔细想想,其中的情感并不夸张,在战争时期,千万金银都抵不过一条家人平安的消息。所以这一句,在当时引发了无数流离落难的兵士和百姓的共情。"白头搔更短,浑欲不胜簪。"杜甫有多愁?愁到一夜白头还不止,连白头发都被自己抓掉了,以至于插簪子都插不上。

杜甫被关在长安期间,正好赶上中秋,想起远在家乡的妻女,他还写了一首《月夜》:

> 今夜鄜州月,闺中只独看。
> 遥怜小儿女,未解忆长安。
> 香雾云鬟湿,清辉玉臂寒。
> 何时倚虚幌,双照泪痕干。

在这首诗里面,杜甫不是直接表达对妻女的思念,而是拐了个弯,想象此刻自己的妻子一定望着月亮在思念自己,以此来含蓄地表达他与妻子分隔两地的悲痛——即使隔着千山万水,"我"跟妻子也会相互思念,非常深情。

和杜甫一同被抓的,其实还有很多名人,比如"诗佛"王维。琴棋书画样样精通的才子王维,因为名气太大,还被安禄山威胁担任伪官。而杜甫只是一个默默无闻的芝麻小官,这反倒成了他的运气,没有多少人关注他,所以不久后,杜甫就趁乱逃跑了。

杜甫逃出长安以后,一路向西狂奔,找到了唐肃宗。当时,一路奔波的杜甫是什么形象呢?"麻鞋见天子,衣袖露两肘。"

唐肃宗看到不远万里来投奔自己的杜甫，非常感动，封杜甫做了一个左拾遗，也就是谏官，虽然官职也不高，但比之前的职位更有价值。当上左拾遗的杜甫，谏言特别耿直，还总是和唐肃宗据理力争。终于有一天，因为宰相房琯的事情，杜甫把唐肃宗惹恼了，被贬到了华州做司功参军。

这一次，从中央贬到地方的杜甫彻底看清了官场的黑暗，"吏呼一何怒，妇啼一何苦"，官员仗势欺人，百姓过得水深火热，杜甫一个人的力量，根本改变不了什么，实在悲凉啊。虽然改变不了什么，但杜甫也不想与这个黑暗的时局同流合污，于是他弃官去了成都，不再为朝廷效力，此后他就一直漂泊在西南蜀地。

—— 04 ——

到成都之后，杜甫过的是"故人供禄米，邻舍与园蔬"的生活。他求亲告友，到处借钱，好不容易才在浣花溪边建了一座小茅屋，也就是"杜甫草堂"。

《茅屋为秋风所破歌》就是这段时期的作品。这首诗背后同样有一个心酸的故事。这个小茅屋才刚盖好一年，有一天半夜，下了一场大暴雨，他的茅屋就被风刮破了。杜甫心酸地看着风雨飘摇而来，一下就想到了摇摇欲坠的大唐，还有一生都不得志的自己，不禁悲从中来：

  八月秋高风怒号，卷我屋上三重茅。茅飞渡江洒江郊，高者挂罥长林梢，下者飘转沉塘坳。
  南村群童欺我老无力，忍能对面为盗贼。公然抱茅入竹去，唇焦口燥呼不得，归来倚杖自叹息。
  俄顷风定云墨色，秋天漠漠向昏黑。布衾多年冷似铁，娇儿恶卧踏里裂。床头屋漏无干处，雨脚如麻未断绝。自经丧乱少睡眠，长夜沾湿何由彻！
  安得广厦千万间，大庇天下寒士俱欢颜！风雨不动安如山。呜呼！何时眼前突兀见此屋，吾庐独破受冻死亦足！

  杜甫写这首《茅屋为秋风所破歌》的时候，内心一定是非常悲凉的，自己的茅草屋被风刮破了。茅草飞得高的挂在了树枝上，飞得低的就落在了池塘里。南村的这一群小孩，还欺负我年老无力，当面做"贼"抢走了我的茅草，跑去竹林里，我喊不住他们，只能拄着拐杖独自叹息。这一段非常有画面感的诗句，就能够体现出杜甫朴实无华却饱含深情的诗风。

  在这首诗的最后，他说："如果能改变现在这种黑暗的时局，就算我被冻死也心甘情愿了！"这首诗写的是自己的茅屋，但其实是想表达杜甫忧国忧民的情怀。他从一场狂风暴雨，写到百姓的艰苦生活,再写到国家的风雨飘摇。可以说,杜甫的能量和人格精神就体现在,他历经了仕途的挫折和生活的炼化后,仍然拥有一颗悲悯的心。

其实,杜甫是一个很刚硬的人,"刚硬"主要说的是他生命力量的强悍,具体表现在他对于苦难的承受能力。叶嘉莹先生就曾评价李白和杜甫,对于痛苦的态度是不一样的,李白是超越,而杜甫是承受,就是与苦难同行,他的作品语言虽然朴实,但这朴实的背后,是一股与苦难持久对抗的刚强力量。

杜甫虽然辞官后过上了归隐田园的生活,但是他过的并不是"诗和远方"的生活,大多数时候,他都是靠亲朋好友的接济为生。帮助过他的朋友很多,比如彭州刺史高适,还有当时的剑南节度使严武。可以说,严武是杜甫的大贵人,杜甫晚年几乎一直都靠严武接济,严武还推荐杜甫任职检校工部员外郎,这是杜甫一生中最高的官阶,从六品上,所以后来也有人叫他"杜工部"。但是这份工作,杜甫做了半年多就辞职了,还写下"白头趋幕府,深觉负平生",感慨自己有心无力。

杜甫的处境艰难,一方面是因为当时的社会时局动荡,但另一方面,也有他自己的问题。那些年,杜甫带着一家人四处奔波,每一次搬家都会消耗一部分家底。他不屑于做小官职,又没有机会做高官,因此杜甫大多数时候,内心很矛盾,心情也不好,生活肯定也不如意。

虽然杜甫远离了朝堂纷争,但他的心还是不自觉地牵挂着长安城里的一切。比如杜甫有一首诗叫《槐叶冷淘》:

青青高槐叶,采掇付中厨。新面来近市,汁滓宛相俱。
入鼎资过熟,加餐愁欲无。碧鲜俱照箸,香饭兼苞芦。
经齿冷于雪,劝人投此珠。愿随金騕褭,走置锦屠苏。
路远思恐泥,兴深终不渝。献芹则小小,荐藻明区区。
万里露寒殿,开冰清玉壶。君王纳凉晚,此味亦时须。

"槐叶冷淘"是一种人们经常吃的食物——凉面。这首诗的大概意思说的是:今天我吃到这么美味的一碗凉面,里面又有香菜又有芦笋。这口感冰冰凉凉,太好吃了,我真想把这碗凉面送去皇宫,请皇上也尝一尝。虽然我知道皇上不缺美食,但我就是第一时间想让您尝尝,来略表我的一点心意。

我们暂且不去研究杜甫的这碗凉面好不好吃,但是从这首诗中,确实能明显感觉到,杜甫是人在成都心在长安,他根本就放不下朝廷和国家。如果这还不足以证明,那么他还有一首诗,更能体现他的家国情怀。

杜甫到成都居住的第四年,有一天,他突然收到消息,说叛臣史思明的长子史朝义自缢而亡,这就意味着安史之乱结束了。听到这个好消息,杜甫高兴得写下了《闻官军收河南河北》:

> 剑外忽传收蓟北，初闻涕泪满衣裳。
> 却看妻子愁何在，漫卷诗书喜欲狂。
> 白日放歌须纵酒，青春作伴好还乡。
> 即从巴峡穿巫峡，便下襄阳向洛阳。

杜甫高兴到什么程度了？他说自己一边泪流满面，一边收拾东西，就要一路高歌直奔洛阳。这也是杜甫生平第一首快诗，喜悦之情溢于言表。

其实杜甫的晚年生活是非常凄凉的，穷病交加，甚至在回乡的路上，他连客栈都住不起，只能睡在船上。杜甫五十四岁的时候，一直接济他的好友严武去世了，这也让杜甫在成都没了依靠，他只好带着家眷又搬去了夔州的白帝城，投奔严武的老部下柏茂林。五十六岁的时候，杜甫因为长期漂泊，心情郁闷，身体每况愈下，有一天他颤巍巍地登上夔州白帝城外的高台，在那里留下一首千古绝唱《登高》：

> 风急天高猿啸哀，渚清沙白鸟飞回。
> 无边落木萧萧下，不尽长江滚滚来。
> 万里悲秋常作客，百年多病独登台。
> 艰难苦恨繁霜鬓，潦倒新停浊酒杯。

这首诗被后人称为"七律之冠"。在这首诗中，杜甫是怎么描写景物的？秋风悲凉，猿鸣哀婉，树木萧条，长江滚滚，眼前的景象被他写得萧瑟、荒凉，一切景语皆情语，其实这景就是杜甫，一个垂暮老者内心沉郁的具象化表达。对杜甫而言，自己贵公子出身，满腹才华和抱负，晚年落得如此境地，他的人生是有遗憾的。

杜甫感觉到自己的身体确实要撑不住了，他就想着落叶归根，要回故乡。可惜，他还没有走到河南，公元770年，五十九岁的杜甫在湘江一艘渔船上结束了自己跌宕坎坷的一生。他死后，并没有被送回家乡，而是被就地安葬了，直到四十三年后，他的孙子才将他的尸骨移回故乡。

———— 05 ————

杜甫的一生，大部分时间都在经历失意，经历平凡，经历低谷，他并没有实现自己年少时的理想。但难能可贵的是，即使受挫潦倒，杜甫也没有忘记初心，没有甘心平庸、沦于世俗。他用诗歌疏解心中忧国忧民的郁结，用诗记录自己的生平，记录百姓生存的困苦窘迫，也记录了唐朝的半部兴衰史，所以杜甫的诗又被称为"诗史"。余秋雨先生就曾说："中国从来没有一个文人，像杜甫那样，用那么多诗句告诉全社会，苦难存在的方位和形态，苦难承受者的无辜和无奈。"

杜甫没有写过多少李白那样飘逸浪漫的文字，他的诗更多的是质朴的表达，在他笔下，春雨是"晓看红湿处，花重锦官城"，苍茫是"无风云出塞，不夜月临关"，思念是"露从今夜白，月是故乡明"，重逢是"人生不相见，动如参与商。今夕复何夕，共此灯烛光"，作战是"挽弓当挽强，用箭当用长。射人先射马，擒贼先擒王"，创作是"读书破万卷，下笔如有神"，遗憾是"出师未捷身先死，长使英雄泪满襟"，惆怅是"正是江南好风景，落花时节又逢君"，而他的绝望则是"眼枯即见骨，天地终无情"。杜甫给我们后人留下的名篇佳句，足以点亮半部《唐诗》。

唐代文学家韩愈说："李杜文章在，光焰万丈长。"

闻一多先生评价杜甫："中国有史以来第一个大诗人，四千年文化中最庄严、最瑰丽、最永久的一道光彩。"

鲁迅先生则说："我总觉得陶潜站得稍稍远一点，李白站得稍稍高一点，这也是时代使然。杜甫似乎不是古人，就好像今天还活在我们堆里似的。"

的确，杜甫脱下"诗圣"的外衣，他就像一个和我们一样的普通人，他少年时踌躇满志，踏入社会后历经挫折，晚年学着坦然释怀。虽然我们大多数人，不一定写得出杜甫那样的诗句，但是我们每一个人，却可以通过杜甫的人生故事以及他的诗作，去感受那份跨越千年的，人性中的温情和坚韧。把风霜化作雨露，在苦难中灌溉出花朵，这正是杜老夫子留给后世的智慧和人生真谛。

刘禹锡：虽居陋室，惟吾德馨

他继承了"孔颜之乐"的真谛，
而常快乐就是他一生最大的功夫。

01

说到刘禹锡,在盛唐那个耀眼的诗圈里,他可能排不上第一梯队,但我们要讲唐朝诗人的话,他是绝对不能避开的一个。刘禹锡生性豪爽,特别开朗活泼,属于"阳光灿烂型"选手,他的作品跟他的人一样,乐观积极,豪放大气,人送外号"诗豪"。

刘禹锡是匈奴人的后裔,出身书香门第,从小机敏好学,二十二岁就中了进士,同一年又考中了博学鸿词科,顺利入编。博学鸿词科就类似于我们现在的公务员考试。他的第一份工作是太子校书,就是在太子身边帮他管理书籍。刘禹锡凭着自己豪爽的性格,结交了很多太子身边的朋友,比如王伾和王叔文,后来正是这两位拉着刘禹锡搞了一场轰轰烈烈的"永贞革新"运动。公元802年,刘禹锡又调任渭南县主簿,不久后又进入御史台,成为一名监察御史,类似于现在最高检察院的检察官,这一年刘禹锡三十一岁。当时他跟柳宗元、韩愈都是御史台的同事,三个人关系也很好,但韩愈没有刘禹锡幸运,韩愈科考考了四次,博学鸿词科"公务员考试"又考了四次,前后一共花了十四年才上岸。

02

但是三十岁之后，刘禹锡的人生变得坎坷。公元805年是唐朝历史上非常混乱的一年，因为这一年里就换了三个皇帝。先是唐德宗在正月驾崩，然后四十五岁的太子李诵继位成了唐顺宗，但唐顺宗身体孱弱，继位前就中风了，落得半身不遂。而当时朝廷上下，藩镇割据问题严峻，宦官把持朝政专权，唐顺宗虽然身体不好，但作为新帝，他依然希望祛除旧弊，励精图治，所以他重用了自己当太子时候的两个侍书，王伾和王叔文来推行改革，而刘禹锡和柳宗元等也被吸纳到改革团体中，成为其中的年轻骨干。

但很可惜，改革才开展了一百多天，就随着唐顺宗的二次中风、禅位而夭折了。参与改革的人全部都被贬出京，刘禹锡被贬为朗州司马，朗州就是今天的湖南常德，唐朝的时候，那里还属于荒蛮之地，生活条件很艰苦。但刘禹锡天生乐观，他在朗州期间写出了最开心的一首《秋词》：

自古逢秋悲寂寥，我言秋日胜春朝。
晴空一鹤排云上，便引诗情到碧霄。

什么意思呢？就是说萧瑟的秋风一来，别人都伤感极了，但刘禹锡咧嘴一笑：哇！秋高气爽，天地辽阔，我的心情像白鹤一样冲破云霄，开心极了。

刘禹锡还有一首《秋词》：

> 山明水净夜来霜，数树深红出浅黄。
> 试上高楼清入骨，岂如春色嗾人狂。

这首诗的意思是，我登高远眺，秋景以风骨见长，不像春色那样以艳丽来取悦人。刘禹锡借着夸秋景，暗示他自己就是一个品德高尚，有风骨的文人。

―― 03 ――

刘禹锡在朗州一住就是近十年，也正是被贬朗州的这段经历，让刘禹锡在逆境中修心，并从此走向了真正的诗豪人生。

被贬朗州十年后（815年），朝廷传来消息，召刘禹锡等人回京。所有人都没想到，十年过去了，刘禹锡依旧是当年那个文艺"愤青"，写诗骂人毫不手软。回长安后他立刻约上也刚回京的铁哥们儿柳宗元，一起去玄都观赏桃花，并且还有感而发写了一首《玄都观桃花》：

紫陌红尘拂面来，无人不道看花回。

玄都观里桃千树，尽是刘郎去后栽。

意思是：你们这满朝新贵，不都是我走之后才上来的吗？

因为这首诗，刚回京的刘禹锡就被弹劾"语涉讥刺，执政不悦"，又给他贬了出去，还把好友柳宗元也拉下了水，害他也被贬去了柳州。虽然二次被贬，但刘禹锡真心觉得无所谓，开心也是一天，不开心也是一天，那为什么不开开心心地过呢？

其间，刘禹锡被改任为和州通判，他去和州赴任的第一天，就遇见了一个给他穿小鞋，不断刁难他的领导。

刘禹锡按照规定去衙门报到，他虽为贬官，但按规定，他可以在衙门的府邸之中分得一套三间三厦的房子，但当时的和州知县见刘禹锡是一个外地来的贬官，压根没把他放在眼里，不但没让他住衙门，还特地把他的住处安排在了和州城南的郊区。那是一座面江而建的房子，门外整天船来船往，噪声很大，过路的人也非常复杂。可没想到刘禹锡到那一看，竟然一点都不生气，还开开心心地搬了进去。几天之后，刘禹锡就在自己家门口贴了副对联，上联是"面对大江观白帆"，下联是"身在和州思争辩"。意思是，我在这里临江而居，在家门口就可以观赏来来往往的帆船；虽然我身在和州县，但心里依然牵挂着朝廷的革新。刘禹锡通过这两句话表达了自己豁达的态度和对人生、政治等大问题的思考。

这件事很快就传到了和州知县的耳朵里，他看到刘禹锡这副得意的样子，感到十分生气，于是又找了个借口让刘禹锡搬家，这次刘禹锡搬去了和州城北的郊区，而房子的面积也从三室三厅缩成了一室一厅。刘禹锡去了一看，发现这次的家门口不仅有一条河，河岸边还有一排排翠绿的杨柳，这地方依山傍水还远离喧嚣，自己何乐而不为呢？于是，刘禹锡搬进去没几天，又在家门口写了一副对联，上联是"垂柳青青江水边"，而下联是"人在历阳心在京"。

刘禹锡越是乐观，小心眼的和州知县就越生气，他看刘禹锡还这么高兴，就不信治不了他，于是又继续找借口，第三次让刘禹锡搬家，这次是一个杂草丛生，只容得下一床一桌一椅的小茅屋。刘禹锡看着这个四面漏风，台阶上布满了青苔的新房子，顿时来了灵感，写下一篇《陋室铭》，还专门找人刻在石碑上，立于自家门前。

> 山不在高，有仙则名。水不在深，有龙则灵。斯是陋室，惟吾德馨。苔痕上阶绿，草色入帘青。谈笑有鸿儒，往来无白丁，可以调素琴，阅金经。无丝竹之乱耳，无案牍之劳形。南阳诸葛庐，西蜀子云亭。孔子云：何陋之有？

我相信大多数朋友都会背这篇铭文，意思是，再简陋的房子也因为我刘禹锡的观照，而拥有了生命。不信你看，台阶上碧绿的苔藓和映入帘中的青草，都是这么生机勃勃。而来我这的人都是一些风雅且真诚的人，平时我可以在这弹琴、读书，没有外界的干扰，更没有公务烦身。所以，这看上去简陋的小茅屋，又何陋之有呢？

讲到这，我们可以从刘禹锡身上，概括出一个关键词，那就是"豁达"。身居陋室的刘禹锡，却在陋室中依然保持着乐观的心态。屡次被贬，半生漂泊，但他就像一只坚韧的"小蟑螂"，永远在路上，永远积极乐观，永远热泪盈眶。他继承了"孔颜之乐"的真谛，而常快乐就是他一生最大的功夫。

李煜：千古词帝的深情与无奈

他是一位伟大的词人，
却不是一名合格的君主，
正是这种无法两全的遗憾，
成就了他情意真切又
悲怆入骨的绝妙词章。

―― 01 ――

说起南后主李煜，我们眼前可能会浮现一个温文怯懦、眼中饱含委屈的男子形象。

在后人所编纂的宋代词集中，我们经常会看到李煜的名字。李煜臣服于北宋是他毕生的屈辱，而后人还给他冠上一个"词中之帝"的称号，本来是想称赞他的词章精妙，但是从另一种角度来说，作为皇帝，千秋大业才是他的主业，结果他却落了个"词帝"，这又何尝不是对他丧国辱家的一种讽刺呢？我想如果可以选择的话，李煜可能更愿意当一个太平皇帝。

据说李煜长得是"丰额骈齿，一目重瞳子"，"丰额"就是说他的额头特别宽，也就是俗话说的天庭饱满。而"骈齿"就是指两颗大门牙，长到了嘴巴外面，有点像我们现在所理解的龅牙。正常人的瞳孔是一个圆形，而"重瞳"就变成了一个倒八的形状，相传舜帝就是重瞳，而《竹书纪年》中曾说："帝喾高辛氏，生而骈齿，有圣德。"所以李煜的这种"丰额骈齿"和"一目重瞳子"的丑样，反而被大家当成帝王贵相的标志了。

02

李煜是南唐中宗李璟的六儿子，前面有五个哥哥，原说这皇位怎么传也传不到他手上，但可惜这些哥哥们全都英年早逝，他也是因为身体比较好，而被赶鸭子上架，当了这个皇帝，李煜登基的时候，南唐早已势如累卵，危在旦夕了。而好巧不巧，李煜又碰上了武将出身的赵匡胤，要让这个娇气怯弱的"富三代"，去对抗"铁甲战士"赵匡胤，那真是太为难李煜了。

960年，宋朝建立后，手握大权的赵匡胤踌躇满志地迈起了一统天下的步伐。宋兵所至之处，所向披靡，先是荆南被灭，后蜀被灭，几年后，南汉也被灭了，这个时候，南方的政权就只剩吴越和南唐了。

李煜虽然昏聩，但也知道宋军的实力，所以他干脆主动示弱，为表诚意积极地做出了四个让步。首先是自降地位，李煜向宋朝表示，自己以后不再是南唐皇帝，只是一个江南国主，自己所用的玉玺，也会更换为江南国印；其次是自降身份，李煜主动提出，宋朝皇帝赵匡胤可以对自己直呼其名，言下之意自己就是赵匡胤的晚辈了；再次是自降国家编制，他已经表态自己不再是南唐皇帝了，所以他下达命令不再用诏书，而是用教书，自己与下属的关系，只是普通的上下级关系，而他那些下属的职位，也依次降低，官职最低的官员就直接降为平民了；最后一个就是自降装饰，为了使自己看起来更不像一个皇帝，李煜干脆把自己宫殿上象征皇权的鸱吻给摘了。

尽管李煜的表态非常有诚意，但是赵匡胤还是不能容忍南唐的存在，当赵匡胤召李煜到汴京朝见，南唐使臣低三下四地表示，南唐对宋绝无冒犯之意，赵匡胤却回了一句："卧榻之侧，岂容他人鼾睡！"毫不掩饰他的灭南唐之意。

赵匡胤还特意让人修建了一座礼贤斋，建筑和装饰风格完全仿照江南园林，礼贤斋建好之后，赵匡胤马上给李煜写信，请他来礼贤斋居住，并且向李煜保证，只要他肯来，自己不仅不会伤他性命，还会保他一生富贵。其实赵匡胤是在委婉地让李煜投降。李煜立刻明白了其中的意思，马上向赵匡胤表示，自己在江南过得挺好，不想去礼贤斋居住。一年后，赵匡胤又开始了对李煜的第二次招降，这次李煜依然拒绝了。又过了两年，赵匡胤第三次派使臣出使南唐，这一次使臣直接亮了底牌，威胁李煜，如果再不投降，大宋只好起兵攻打南唐了。李煜见赵匡胤一次又一次来招降自己，误以为赵匡胤对自己心有忌惮，于是，他鼓起气势回怼："要打就打，要和就和，反正我不会投降。"宣战之后，他为了鼓舞士气，还豪气万丈地命令部下搬来很多柴草堆积在自己宫里，然后宣称一旦打仗，金陵城破，他就要殉国，绝不苟活于世。后来城的确是被破了，然而怯懦的李煜却没有胆量殉国。

当宋朝的军队直逼金陵时，李煜绝望地写下一首《破阵子》：

四十年来家国，三千里地山河。凤阁龙楼连霄汉，玉树琼枝作烟萝。几曾识干戈？

　　一旦归为臣虏，沈腰潘鬓消磨。最是仓皇辞庙日，教坊犹奏别离歌。垂泪对宫娥。

　　这首词的意思是，南唐开国四十年来，幅员辽阔。宫殿之雄伟，可与天际相接，宫内珍稀众多、草木茂盛，在这样奢华的生活里，我哪知道有战争这回事呢？自从做了俘虏，内心的忧思让我身子消瘦，我的鬓发也斑白了。我犹记得自己慌张辞别宗庙的时候，宫里的乐工们还奏起别离的歌曲，如今我也只能对着宫女们垂泪罢了。

　　李煜在这首词里把亡国之痛写得非常细腻可感。而就是因为这首《破阵子》，李煜在百年后被苏东坡嘲笑：好歹是一代帝王，怎么写的词如此英雄气短，儿女情长？其实这跟李煜优柔寡断、胆怯懦弱的性格是脱不了关系的。

　　李煜有多胆小呢？《谈渊》里记载，宋将曹彬坐在船上，让俘虏李煜上船"喝茶"，李煜到了船边，发现登船要走一块窄窄的小木板，顿时吓得浑身颤抖，始终不敢向前迈一步，最后是两个官兵架着他才登上船。曹彬见到李煜之后，安抚了他几句，就让他回去收拾行李，北上汴京去听候宋太祖处理，当时旁边的官吏一看曹彬放李煜回去了，担心李煜回去会自杀，这样一来，他们生擒南唐国主的大功可就没有了。曹彬却笑着说："你没见李煜上船时那个畏缩的样子，借他几个胆子他也没有勇气自杀。"不过话说回来，如果李煜真的有骨气殉国了，那我们今天也不会有"问君能有几多愁？恰似一江春水向东流"这样的千古妙句了。

南唐虽然说是亡在李煜手里，但其实换成谁都一样，因为在李煜接手前，南唐已经千疮百孔。在李煜继位的前一年，先帝李璟已经因为国势衰危而自愿称臣于宋，自行减制纳贡了，当时宋朝灭南唐已经是板上钉钉的事，只是早晚的问题，所以李煜即使有胆魄也无力回天，他只能采取消极守业的政策，对外向北宋称臣，对内宽刑罚、轻徭役，让百姓休养生息，才让南唐在他手里得以持续十五年，很不容易。

但这并不代表李煜的生活不奢靡，他虽生于皇家，但对朝堂之上的尔虞我诈不感兴趣，他只想做一个安静的文人，或者说艺术家。为了躲避长兄的猜疑，他从小饮酒作乐，声色犬马，对政事漠不关心，结果命运不按套路出牌，他这么一个无心政治的人却被推上了皇位。

成为皇帝后的李煜，纵情声色是真的，优柔寡断是真的，疏于治国也是真的。

当时李煜在南唐宫中的生活有多么奢靡呢？从他《玉春楼》中最著名的这一句就可以看出："晚妆初了明肌雪，春殿嫔娥鱼贯列。凤箫吹断水云闲，重按霓裳歌遍彻。"《玉春楼》描写的是南唐皇宫举行盛大的酒宴活动，歌舞升平的繁华一幕，只是这种繁华很快就要烟消云散了。

据说南唐被灭之后，北宋大将曹彬分得南唐宫中一名宠姬，结果这位美人到了将军府里，看到油灯就闭上眼睛，表示烟气太呛人，让她无法忍受。于是曹彬让人换了蜡烛，结果美人依然皱着眉头说，烟气更大了。曹彬顿时怒了，说："你这么矫情呢？难道你之前在南唐宫里不点灯的吗？"结果这个美人回答："当年我们南唐宫中，有夜明珠悬在中间，照如白昼。"由此可见，南唐的生活有多么奢靡。

——— 03 ———

李煜的爱情故事，也被人们极度渲染，不少人把他看成一位多情的种子。李煜前后有两个皇后，后世把她们称为"大周后"和"小周后"，因为她们是一对姐妹。

大周后周娥皇是南唐开国老臣周宗的长女，生得"凤眼星眸、朱唇皓齿、冰肌玉肤、骨清神秀"，而且还是一位琴棋书画样样俱佳的才女。大周后跟李煜之间有共同的爱好，所以两人感情特别好，夫唱妇随，他们还将盛唐时期失传的《霓裳羽衣曲》重新修改、谱曲，一唱一和间，他们可能忘了"霓裳一曲千峰上，舞破中原始下来"的喟叹，忘了这是一首亡国的不祥之曲。

很可惜，大周后二十九岁的时候就不幸病逝了，当时李煜悲痛欲绝，还自称"鳏夫煜"，"鳏夫"就是寡夫的意思，但讽刺的是，大周后病重的时候，李煜一边亲手喂着汤药给大周后喝，另一边又在大周后的眼皮子底下，跟她的妹妹，也就是后来的小周后，眉来眼去。

所以我们多少能体会到什么叫作"人性的复杂"，有时候人就是这样一种矛盾的生物，李煜对大周后情深意切是真的，大周后离去，他也是真的悲痛，但这却并不妨碍他同时跟其他姑娘暧昧。

那李煜作为皇帝，身边自然是佳丽三千，其中最著名的就是舞姿曼妙的窅娘，相传窅娘是以白帛缠足，这让她看起来更为婀娜妩媚，深得李煜的宠爱，据说妇女裹足这一祸害千年的陋习，罪魁祸首正是李煜。

———— 04 ————

被俘之后的李煜，被宋太祖赵匡胤封为"违命侯"，封号虽然是难听了一点，但生活待遇还算是过得去。但是没想到，没多久赵匡胤突然暴毙，他的弟弟宋太宗赵光义继位，李煜的命运也随之雪上加霜。这位太宗皇帝一继位，就看上了李煜心爱的小周后。有一天，小周后被带入宫参拜皇后，但是一去好几天才回来，回来之后对李煜又哭又骂，这中间发生的事情就不言而喻了。

李煜被俘之后，在千里之外的他乡过着朝不保夕又极尽耻辱的生活，而这种生活维持了三年。这三年里，李煜从万人之上的九五之尊，变成了尘埃之下，命如蝼蚁的囚徒，这一转变让李煜的词不再是纵情声色，不再是纸醉金迷，而是深沉的身世之痛和亡国之悲。

李煜最有名的一首词是《虞美人·春花秋月何时了》。据说他在三十九岁生日的晚上，喝了点酒，微醺之间，触景伤情，词性大发，提笔就是一首催人泪下的《虞美人》：

> 春花秋月何时了？往事知多少。小楼昨夜又东风，故国不堪回首月明中。
>
> 雕栏玉砌应犹在，只是朱颜改。问君能有几多愁，恰似一江春水向东流。

写完还不行，李煜还要歌姬们演唱，当时听到这首词的南唐旧臣们个个情不自禁，掩面啜泣。

这个时候，李煜还没有意识到，这首词给自己惹来了杀身之祸。旧臣们集体念故国，又唱又哭，这事传到宋太宗耳朵里就变味了，这是煽动情绪要反了吗？

宋太宗勃然大怒，没过多久就下令赐李煜毒酒，将他毒死了，所以这首《虞美人》也就成为李煜的最后一首词作了。

这首《虞美人》被称为"词中神品"，它到底好在哪里呢？我们来看第一句——"春花秋月何时了"，春花、秋月本来是美好的东西，可在一个身处刀俎之上的亡国之君看来，这些美好的事物只会让他触景伤情，今昔对比，徒生伤感，所以他怨问苍天：年年春花秋月，什么时候才能了结呢？

"往事知多少。"自然界的春天是去了又来，那为什么人生的春天却一去不复返了呢？

"小楼昨夜又东风，故国不堪回首月明中。""东风"带来了春的讯息，却引起我往事"不堪回首"的嗟叹。春天来了，而我自己却还要在这苟延残喘，历尽苦痛和折磨。

"雕栏玉砌应犹在，只是朱颜改。"这句很好理解，我们试想李煜当时的心境，自己故国的江山、宫殿都还在，只是物是人非，江山已经易主。

最后就到了全词的高潮，李煜的满腔幽愤再也无法控制，他一句"问君能有几多愁，恰似一江春水向东流"，以川流不息的水来喻愁，可谓"前有古人，后有来者"，此时内心的愁思，如春水般恣肆，奔放倾泻；又如春水般不舍昼夜，无尽东流。这一句词也成为旷世名句，我们读起来，好像也被这无尽的哀思所淹没了。

李煜的确是一位伟大的词人，却不是一名合格的君王，但我们反过来说，如果没有南唐的覆灭，怎有一代君王的血泪，又怎么会催发李煜情意真切又悲怆入骨的绝妙词章呢？所以这既是李煜人生命运中的不幸，也是他艺术生命中的幸运。也许正是这种无法两全的遗憾，成就了他在词坛上的不朽地位，他的词作如同他的人生经历一样丰富多彩，其中有痛苦、有迷茫、有希望、有失望，而这一切都被他巧妙地融入词中，使得他的词具有了深刻的内涵和强烈的感染力。

范仲淹：不以物喜，不以己悲

他是文人，是优秀的政治家，
也是改革的领导者，
还曾亲临战场带兵打仗，
"文武双全"用在范仲淹身上，
非常贴切。

―― 01 ――

一提起范仲淹，可能大多数人脱口而出的就是他在《岳阳楼记》中留下的那句："先天下之忧而忧，后天下之乐而乐。"正是范仲淹的这句话，千百年来，为中国的士大夫和读书人树立了难以逾越的精神标杆。

文官出身的范仲淹，绝不仅仅是一位文人，他是北宋优秀的政治家，官至参知政事，相当于副宰相，他也是"庆历新政"改革领导者之一，还曾亲临西夏战场，带过兵打过仗，"文武双全"用在范仲淹身上，非常贴切。

但其实，范仲淹也是一位大器晚成型的选手，早年的他过得非常艰苦，甚至他二十九岁之前，都不叫范仲淹。这是怎么回事呢？

范仲淹的亲生父亲范墉在他两岁的时候就去世了，由于范仲淹的母亲是妾，所以父亲一走，他和母亲谢氏就被父亲的正妻赶出了家门。孤儿寡母走投无路，两年后，母亲因为"贫而无依"，无奈带着他改嫁给一个叫朱文翰的小官吏，范仲淹自然就跟着继父改姓朱，叫朱说（通"悦"）。朱家虽然不算富裕，但好在继父朱文翰对范仲淹视如己出,还送他上学。而范仲淹从小也异常懂事,他很珍惜上学的机会,求学期间,衣食极其简朴,简朴到什么程度呢?他二十一岁的时候,在邹平县长白山的醴泉寺读书时,为了节省生活开支,他经常晚上熬一盆稀粥,熬好了也不喝,而是等过了一晚粥凝固后,在第二天早上,他把粥划成四块,就着野菜,早上吃两块,晚上吃两块。成语"划粥断齑"就出自范仲淹的这个故事。

在醴泉寺读书的三年里,范仲淹就过着这种吃隔夜粥块的朴素生活,日子虽然苦,但也磨砺出他坚韧的性格,而这种坚韧也成为他日后面对风浪的精神支柱。

二十三岁的时候,范仲淹跟他哥哥吵了一架,气上头的哥哥直接指着他破口大骂:"你这个野孩子,根本不是我弟弟!"范仲淹这才知道自己身上的惊天秘密,五雷轰顶。

知道了自己的身世之后,范仲淹自尊心受挫,就不愿意寄居在朱家了,于是他告别父母,一个人跑去河南商丘的应天书院求学,这一学就是五年。五年间,他依旧保持自己清贫的生活作风。当时,连范仲淹的同学都看不下去了,就偷偷送给他一些好吃的,结果被他原封不动地退回了,他说,怕自己吃过了美食之后,就吃不惯粥块了。

有一次,宋真宗亲临南京(今河南商丘),整个南京万人空巷,应天书院的一众师生全都跑去面圣了,只有范仲淹拿着一卷书,眼都不抬一下。后来有人问他为什么不去一睹皇帝的风采,范仲淹轻描淡写地说:"将来觐见也不晚。"所以我们能看出范仲淹是一个极其自律的人,意志超乎常人地坚定。

二十七岁的时候,范仲淹中了进士,初出茅庐的他自信满满地一脚踏入了大宋官场。

二十九岁时,他认祖归宗,改回了范姓。那他为什么要叫范仲淹呢?因为他有一位很崇拜的偶像——唐朝大儒王通,写出了千古名篇《滕王阁序》的初唐四大才子之一王勃,就是王通的孙子,而王通的字就是仲淹,所以范仲淹取"仲淹"二字,就是在致敬王通。虽然范仲淹不再姓朱,但后来他功成名就之后,始终没有忘记继父的养育之恩。为了报答朱家,他曾上书请求皇帝追赠朱文翰为太常博士,并且每年都会祭祀他。

—— 02 ——

范仲淹的经历跟苏东坡很相似,经历了数次"潮起潮落"。

刚中进士时,范仲淹因为家里没有背景,只做了一个九品小官,但是他很满意,勤勤恳恳地在地方修海堤、治水患,因为业绩突出被提拔回京。

刘太后生日的时候,宋仁宗准备在朝堂为太后庆生,范仲淹

155

却坚决不同意,他指出,朝堂是神圣之地,怎么能拿来过生日呢?而且太后安享晚年就好了,不应该垂帘听政,应该赶紧还权。此话一出,大家都对范仲淹的直言不讳感到震惊了,其中最震惊的,是范仲淹的举荐人晏殊。

晏殊当时正任职翰林侍读学士,听到这个消息,他第一时间把范仲淹叫到家里,痛骂范仲淹,说他这股年少轻狂的劲头,迟早要连累自己。范仲淹一听,也来火了,直接回怼晏殊:"我承蒙晏大人荐举,常常担心自己德不配位,给您蒙羞。今天真是没想到,我反而因为忠直,而受到您的责备。"几句话把晏殊搞得满脸通红,既惭愧又佩服。但范仲淹的仕途,还是因此受到了影响,刘太后暴怒,把他贬去了河中府任通判。范仲淹离京的时候,虽然大家不敢在明面上替他说话,但私下都夸赞他"此行尤光"。

三年多后,刘娥太后病逝,很多政敌就开始批判她生前的过失,此时在外地的范仲淹,挺身而出对宋仁宗说,养育之恩不可不报,就不要追究刘太后的罪责了。宋仁宗听后大为感动,于是又给范仲淹调回了京城。

只是没有安稳几天,范仲淹又惹事了。宋仁宗想废掉当时的郭皇后,另立张美人为后,但范仲淹认为皇后没有做失德之事,是不能随便废立的,于是他联合了一票大臣反对宋仁宗的决定,又一次激怒了宋仁宗,被贬为了睦州知州,后来又被调去了苏州。范仲淹在苏州带着一帮兄弟建学校,搞水利工程,因为业绩出色,他又被调回了京,职位也从谏官变成了文学侍从顾问官。

范仲淹经历"两进两出",虽然官职不停地变化,但他刚硬、耿直的性格是一点没变。重回朝廷后,他只要一有机会,就向宋仁宗提各种意见,对朝廷官员的言行作风也是直言不讳,完全不给任何人留面子。

———— 03 ————

范仲淹的这股生猛劲儿,让守旧派代表宰相吕夷简感到很不舒服,于是他暗地托人给范仲淹带话说:"你现在是皇帝的文学侍从,又不是什么谏官,何必一天到晚,意见发表个不停呢?"范仲淹是怎么回答吕夷简的?他说:"向皇帝进言,正是侍从官的职责啊,我怎么敢不尽职尽责呢?"这一来一回,两人的梁子算是结上了。

吕夷简对范仲淹,劝又劝不动,打也打不过,实在没有办法让范仲淹闭嘴,那就给他安排一个累活转移一下注意力吧。于是,吕夷简就让范仲淹当了一个临时的开封府知府。开封府当时属于京畿重地,开封府的长官责任大、任务重。吕夷简本想给范仲淹安排这么一个累活,让他没有时间谏言,最好他还能犯点错,找找他的把柄。结果,范仲淹上任之后,做事又机敏又周全,上任才一个月，开封的老百姓就开始歌颂他，说"朝廷无忧有范君，京师无事有希文"（范仲淹字希文）。

范仲淹和吕夷简之间的正面战争是什么时候爆发的呢？其实当时四十八岁的范仲淹拉着韩琦、富弼、欧阳修等一众赞成改革的士大夫们，已经开始为"庆历新政"做准备了。范仲淹对北宋的冗官和官员尸位素餐的政治环境深恶痛绝，他思索很久，到底要从哪里入手呢？大家应该猜到了，切入口就是吕夷简。

当时"老干部"吕夷简，已经执掌朝政十多年，朝廷很多被重用和提拔的官员都是他的亲信。范仲淹自己做了一张"百官图"，把朝廷各职能部门的负责人，全部列出来排了个队，这一边是正常升迁的人，那一边则是越级提拔的人。做好之后，范仲淹就把这张"百官图"献给了宋仁宗，送图就送图吧，他还不忘提示仁宗皇帝说："臣以为，天子身边的近臣，升迁或降职，都不宜让宰相全权办理。"

这话说得很尖锐，在吕夷简看来，范仲淹这是想端了自己的老窝。但范仲淹也给自己惹了麻烦，那一长串走后门的名单背后，牵扯着更多的朝廷命官，他几乎把人全给得罪了。而当吕夷简听说自己被范仲淹弹劾了，便勃然大怒，站出来针锋相对，让范仲淹拿出证据。没想到范仲淹早就准备好了，连上四篇奏章，全面仔细地摆一摆证据。而这四篇文章，主题思想就一句话："皇帝啊，你一定要亲贤臣，远小人呐！"

就这样，范仲淹凭一己之力，彻底激怒了吕夷简。这吕夷简在官场半辈子，也不是吃素的，他立马改变策略，弹劾范仲淹越职言事、荐引朋党、离间君臣。两人越吵越凶，范仲淹这帽子，也是被越扣越大。最后，吕夷简釜底抽薪，他知道宋仁宗这么多年来已经习惯了依赖自己，事事都交给自己安排，那他不如借机辞职，让宋仁宗选吧：要么我走，要么范仲淹走。

果然，还是吕夷简了解皇帝，一招制敌。宋仁宗权衡再三之后，最终还是罢免了范仲淹的官职，把他外放到江西饶州。这一局吕夷简胜。

多次因谏言被贬，范仲淹的同事都看不下去了，就劝他少说话、少管闲事。结果范仲淹却回了句"宁鸣而死，不默而生"，这话一出，范仲淹北宋"倔大夫"的人设算是立住了。

———— 04 ————

了解了范仲淹的为人和经历，再来看看他的文采。大家耳熟能详的《岳阳楼记》就是出自范仲淹之手。但有趣的是，范仲淹自己从来没有去过岳阳，更没登过楼，他是根据同被贬官至岳阳的好朋友滕子京寄来的一张图，写出了这个千古名篇。

当时"庆历新政"失败了，改革派的主要人物几乎全部遭到贬谪，其中，范仲淹于庆历五年（1045年）被贬为邓州知州，滕子京于庆历四年（1044年）谪守巴陵郡。据《涅水燕谈录》卷六记载，滕子京在岳州重修了岳阳楼后，他就给范仲淹寄去了一幅《洞庭晚秋图》，邀请好友为重修岳阳楼写一篇记文。那范仲淹硬是凭借自己丰富的想象，写成了这篇脍炙人口的《岳阳楼记》。

范仲淹自己没去过岳阳楼，光凭一幅图来写岳阳楼肯定是有局限的，不如把重心放在抒怀上，将岳阳楼以及洞庭湖的晦明变化、风雨阴晴，与"迁客骚人"的"览物之情"结合起来写，从而让《岳阳楼记》的立意，超越了单纯的写楼、写洞庭山水，成为范仲淹政治理想和个人信念的一种书写。

这篇文章一共分五段。第一段：

> 庆历四年春，滕子京谪守巴陵郡。越明年，政通人和，百废具兴。乃重修岳阳楼，增其旧制，刻唐贤今人诗赋于其上，属予作文以记之。

这一段讲范仲淹为什么要作一个记文。在这一小段里，这个谪守的"谪"字用得非常讲究，因为是一个被贬谪的人，在这里做出了"政通人和，百废具兴"的业绩，这不仅说明修岳阳楼的用意，还赞美好友滕子京，不论身处何处都心系百姓的高尚节操。

然后第二段，范仲淹先想象他站在岳阳楼上见到的自然之景：

> 予观夫巴陵胜状，在洞庭一湖。衔远山，吞长江，浩浩汤汤，横无际涯；朝晖夕阴，气象万千。此则岳阳楼之大观也，前人之述备矣。

初看这一段，写得大气恢宏，但最后范仲淹来了一句"前人之述备矣"，什么意思呢？就是说，这些不是我要讲的重点，因为这种自然具象的景观，之前的文人雅士已经写得差不多了。所以这是一个小小的过渡段，后面才是重点。紧接着：

> 然则北通巫峡，南极潇湘，迁客骚人，多会于此，览物之情，得无异乎？

我们可以明显看到，"然则"显然是一个承接词，虽然站在岳阳楼上看到的景象大多如此，但南来北往的"迁客骚人"，他们到这里登高远眺，触景生出的情感，是不是有所不同呢？这几句可以看出范仲淹的用心。"迁客"是什么？不是贬谪来的官员，就是离家的路人，所以"迁客"和"骚人"面对同一个洞庭湖，心境必然不同。范仲淹就借"览物之情，得无异乎？"这一反问，引出了下文。

第三段和第四段的写作结构其实差不多，以形式和内容的对称写法，先写景，后写不同的人，面对不同的景，而生不同的"情"。

> 若夫淫雨霏霏，连月不开，阴风怒号，浊浪排空；日星隐曜，山岳潜形；商旅不行，樯倾楫摧；薄暮冥冥，虎啸猿啼。登斯楼也，则有去国怀乡，忧谗畏讥，满目萧然，感极而悲者矣。

如果阴雨天气，寒风怒号，那么登上这座楼的人，就会因为眼前的景象生出一种惆怅、忧伤的感慨。

> 至若春和景明，波澜不惊，上下天光，一碧万顷；沙鸥翔集，锦鳞游泳；岸芷汀兰，郁郁青青。而或长烟一空，皓月千里，浮光跃金，静影沉璧，渔歌互答，此乐何极！登斯楼也，则有心旷神怡，宠辱偕忘，把酒临风，其喜洋洋者矣。

就是如果风和日丽的时候，湖面水波不兴，沙鸥、小鱼、香草、兰花都显得充满生气，这时候登上岳阳楼，人就会产生心胸阔达，神清气爽的感情。

这两段一悲一喜，形成鲜明的对照。总之，景不同，情也不同。而最重要的其实是最后一段：

> 嗟夫！予尝求古仁人之心，或异二者之为，何哉？不

以物喜，不以己悲；居庙堂之高则忧其民，处江湖之远则忧其君。是进亦忧，退亦忧。然则何时而乐耶？其必曰"先天下之忧而忧，后天下之乐而乐"乎。噫！微斯人，吾谁与归？

这一段才是全文范仲淹真正想说的，"予尝求古仁人之心，或异二者之为"，他要学习的榜样既不是迁客，也不是骚人，而是"古仁人"。"古仁人"之心是一颗什么心呢？是"先天下之忧而忧，后天下之乐而乐"的心怀。这就是范仲淹构思《岳阳楼记》的巧妙，也是这篇文章能流传千古的精神核心。而只有当深刻了解了范仲淹的生平故事之后，我们才发现，"不以物喜，不以己悲，居庙堂之高则忧其民，处江湖之远则忧其君""先天下之忧而忧，后天下之乐而乐"，说的不就是他自己一生的行事准则吗？

范仲淹去世后，宋仁宗赐予他最高一级的谥号"文正"，并亲自给他的墓碑题字，曰：褒贤之碑。

而这一切，范仲淹都受之无愧。

欧阳修：
从泥泞中走出的千古圣贤

在挫折和罹难中，

努力去寻找快乐，

追寻自己的理想。

―――― 01 ――――

欧阳修在后世人眼中是什么样的形象呢？是千古伯乐，是政坛大咖，还是一位清醒的醉翁？

欧阳修作为北宋伟大的文学家和政治家，他一生的成就斐然。作为文学家，他继承并发展了韩愈的古文理论，领导了北宋的诗文革新运动；作为政治家，他励精图治，在"庆历新政"中，敢于打破陈规，与守旧势力为敌。欧阳修一生经历了多次大风大浪，却一直慧眼识珠，提携了多位优秀的后辈，如果没有欧阳修，我们现在熟知的苏洵、苏轼、苏辙、王安石、曾巩等思想文化巨星，也许都不复存在了。

欧阳修并非天生的圣贤，相反，他的一生非常波折，早年丧父，中年丧妻，晚年丧子，为官四十年，被贬二十载。可以说，我们认为生命中的那些大不幸，欧阳修都经历过。

公元1007年，欧阳修出生于四川绵阳，他的父亲欧阳观，那时正在绵州任军事推官。可令人意想不到的是，欧阳修四岁的时候，刚上任泰州军事判官的父亲，竟感染重疾去世了。在走投无路的情况下，欧阳修的母亲郑氏带着欧阳修和他妹妹，一起投奔了他远在随州做推官的叔叔欧阳晔。

所以欧阳修从小过着寄人篱下的日子。家里虽然很清贫，但母亲和叔叔对他照顾有加，特别是母亲，家里请不起教书先生，买不起纸和笔，她就去河滩上砍了很多芦苇秆，让欧阳修握着芦苇秆子，在沙地上学写字，这就是成语"画荻教子"的出处。所以母亲对欧阳修的人生产生了很大的影响。

其实，对欧阳修产生重要影响的还有一个人，这个人就是唐朝文学家韩愈。算起来，韩愈比欧阳修大两百多岁，那他们是怎么"相遇"的呢？十岁那年，有一天欧阳修去找小伙伴李尧辅玩耍，李尧辅家住随州城南，是个大户人家，家里收藏了很多书。欧阳修很喜欢去李尧辅家玩，因为每次都可以趁机读上一两本书。那一天，他们一群小朋友正在捉迷藏，突然有人看见墙缝里放着一筐旧书，大家就一起把筐抬出来，将书全部倒在了院子里。其中，有一本又破又旧的《昌黎先生文集》引起了欧阳修的注意。为什么呢？因为那时的欧阳修自认为读过不少书了，但这个昌黎先生的名字，他还是第一次看到，这个人是谁呢？怀着强烈的求知欲和好奇心，欧阳修向小伙伴要走了这本残破的《昌黎先生文集》。

欧阳修与韩愈就这样奇妙地"相逢"了，而这本捡回来的《昌黎先生文集》，后来竟成了欧阳修真正意义上的启蒙书。虽然它只剩下残破的六卷文稿，但韩愈清新的文风和文章中深刻、开阔的意境，让读惯了时文的欧阳修顿时打开了一扇通往新世界的大门。欧阳修欣喜又激动地把这本书当成宝贝，而这也成为他日后继承韩愈的理念，倡导"古文运动"的最初契机。

其实当时在文人雅士之间最流行的文体叫"西昆体"。"西昆体"的特点是，语言精丽繁复，词句中典故堆砌，虽然在一定程度上也体现出对"形式美"的追求，但欧阳修认为，这种文体形式大于内容，初读富丽堂皇，再读内容空洞。那种写得非常华丽的骈文，就是欧阳修最不喜欢的类型。后来欧阳修中了进士，入朝为官，官阶越来越高，但他内心始终不变的一个初衷，就是要改革文风，复兴中唐时期的"古文运动"。

──── 02 ────

欧阳修中进士之后，第一份工作是西京的留守推官，在那里他认识了一帮志同道合的朋友，比如谢绛、尹洙、梅尧臣等，还有他的领导钱惟演。

有一年，洛阳城新建了一座大酒店，酒店分为两个阁楼，钱惟演给这两个楼分别取名为 "双桂楼"和"临辕阁"。竣工典礼那天，他就带着一众下属，去现场剪彩，剪完彩，兴致高涨的他，就给自己的三名爱将，谢绛、尹洙和欧阳修布置了一个小任务，叫他们回去根据今天的剪彩写一篇记文，限时三天，三天之后各自带文章来府衙"一决高下"。

三个人回去都很快就写好了记文，但文章写好后第一件事不是上交，而是私下互相传阅，都想先看看别人是怎么写的，然后自己赶在"比试"之前，再润色提高一下。这不看不知道，一看就比较出了高低，欧阳修和谢绛都洋洋洒洒地写了五百多字，而尹洙的文章只有三百八十个字，却陈述清晰，逻辑严密，让欧阳修和谢绛顿时觉得自己的文章差太多，于是他俩一致决定不交稿了，免得丢人。

果然三天后，只有尹洙一个人交卷，钱惟演很不高兴，说："我都已经给你们准备了大米当奖励，你们俩怎么能把我的话当耳旁风呢？"欧阳修和谢绛一看，领导好像真的生气了，才半推半就地拿出自己的文章。

事后，欧阳修又开始复盘，他觉得自己太不自信了，当然文章水平也确实有限，思来想去，欧阳修当晚就带了一壶酒跑去尹洙家，准备向他请教。

尹洙这个人也很实在，与欧阳修真诚分享，他说："写古文最忌讳的，是立意不高字还多，你和谢绛的文章，格调是有的，就是字太多了。"尹洙的这番言论让欧阳修受益匪浅，他回家之后，立即重写了一篇文章，这次他缩减篇幅，字字珠玑，最后的成文，竟然比尹洙那篇还少了二十字。而这件事也让尹洙对欧阳修刮目相看,他逢人就说:"欧阳修的进步真是一日千里啊!"

所以从这件小事情当中,我们可以看到欧阳修的治学态度是非常严谨的。在西京工作的那几年,他做得最多的不是工作,而是跟朋友们游山玩水、饮酒赋诗,他用"平时罢军檄,文酒聊相欢"来形容这段精彩又充实的生活。

在这段日子里,欧阳修的文才越来越出众,他钻研的领域涉及经学、文学、史学、金石考古等,不仅知识结构庞大,功底还非常深厚,而这些才识,为他日后用文化开拓事业奠定了坚实的基础。当然,西京的师友们对欧阳修的散文创作也产生了至关重要的作用。这期间,他在好朋友的帮助下找到了自己那本《昌黎先生文集》缺失的部分,这让他感觉好像一切都是注定的,所以他更是下决心要追随韩愈先生,复兴古文。

其实当时文坛,也并不是只有欧阳修抱有复兴古文的愿望。自宋朝建立以来,复兴古文的思潮一直此伏彼起,比如柳开、王禹偁等人就公开表示,"五代体"浮艳又空泛。孙复、石介、穆修等人,甚至直接说"西昆体"不行,而宋仁宗更是两次下令改革文体。但冰冻三尺,非一日之寒。古文运动兴起于中唐时期,在柳宗元、韩愈等第一批领军人物相继去世后,古文也就式微了,取而代之的,是华丽工整的骈文。骈文在很长一段时间内占据主流,所以要想扭转局面,复兴古文,并不是呼吁几声就能实现的,因此机会和压力就都来到了欧阳修这一拨"新生代"面前。

欧阳修倡导的是清新婉转、流畅自然且立意深远的文风文体。在他众多诗词散文当中，我们最熟悉，也最能体现他诗文创作走向成熟的作品，就是那篇著名的《醉翁亭记》。

环滁皆山也。其西南诸峰，林壑尤美，望之蔚然而深秀者，琅琊也。山行六七里，渐闻水声潺潺，而泻出于两峰之间者，酿泉也。峰回路转，有亭翼然临于泉上者，醉翁亭也。作亭者谁？山之僧智仙也。名之者谁？太守自谓也。太守与客来饮于此，饮少辄醉，而年又最高，故自号曰'醉翁'也。醉翁之意不在酒，在乎山水之间也。山水之乐，得之心而寓之酒也。

若夫日出而林霏开，云归而岩穴暝，晦明变化者，山间之朝暮也。野芳发而幽香，佳木秀而繁阴，风霜高洁，水落而石出者，山间之四时也。朝而往，暮而归，四时之景不同，而乐亦无穷也。

至于负者歌于途，行者休于树，前者呼，后者应，伛偻提携，往来而不绝者，滁人游也。临溪而渔，溪深而鱼肥。酿泉为酒，泉香而酒洌；山肴野蔌，杂然而前陈者，太守宴也。宴酣之乐，非丝非竹，射者中，弈者胜，觥筹交错，起坐而喧哗者，众宾欢也。苍颜白发，颓然乎其间者，太守醉也。

已而夕阳在山，人影散乱，太守归而宾客从也。树林阴翳，鸣声上下，游人去而禽鸟乐也。然而禽鸟知山林之乐，而不知人之乐；人知从太守游而乐，而不知太守之乐其乐也。醉能同其乐，醒能述以文者，太守也。太守谓谁？庐陵欧阳修也。

为什么欧阳修要给自己取一个"醉翁"的号呢？"太守与客来饮于此，饮少辄醉，而年又最高，故自号曰'醉翁'也。"意思是，我跟别人喝酒，喝一点儿就醉了，而我的年纪又是他们当中最大的，所以我就叫自己"醉翁"了。

其实写这篇文章的时候，欧阳修才四十岁，怎么说也不能算"翁"吧，那他的这个"醉翁"，究竟有何深意呢？

在欧阳修同时期所作的一首诗《题滁州醉翁亭》里，他透露了这个秘密，他说："四十未为老，醉翁偶题篇。醉中遗万物，岂复记吾年。"什么意思呢？就是喝醉了可以将万物遗忘，我哪里还记得自己曾经历的流年往事呢？

原来，欧阳修的"醉"，很大部分原因是要借酒浇愁，忘却往事啊。我们要知道，他是因为"庆历新政"被贬而来到滁州，所以往事不堪回首，空有一腔报国热情。所以，在《醉翁亭记》中，"醉"是一种心态，是陶醉，是沉醉，是酒不醉人人自醉。在滁州，"临溪而渔，溪深而鱼肥。酿泉为酒，泉香而酒洌，山肴野蔌，杂然而前陈者,太守宴也"。我们可以想象,此情此景,怎么能不让身为一州之长的欧阳修沉醉呢?这里就好像一个世外桃源,让欧阳修暂时忘记了他在汴京所经历的一切不快。

这篇文章还有一个非常重要的字,就是"乐","乐"字可以说是全篇的核心思想。但如果《醉翁亭记》只是一篇寄情山水的悠乐之作,我想它在文学上的地位不会这么高。实际上,贯穿全篇的这个"乐"字,它的情感体验是多维的,"乐",既有山水之乐,有与民同乐,还有欧阳修面对人生低谷的自适之乐。

而再进一层,欧阳修在《醉翁亭记》里,从山水之乐,写到与民同乐,通过描写滁州一带的迤逦山水,描写自己在山里跟百姓们游玩宴饮,他刻画出来的,是一个心怀天下、兼济苍生的地方长官。纵使被贬谪至此,欧阳修心中还是有未实现的理想和抱负;纵然在人生的低谷,他依然热爱这片土地,怜悯这里的百姓。所以,他全身心地致力于政务,为安邦安民奉献着自己的力量,他用实际行动,证明着自己作为一名儒者的天地之心。

此外,如果我们仔细读这篇文章,就会发现欧阳修的孤独,比如在众人欢聚的时候,他突然来了一句:"苍颜白发,颓然乎其间者,太守醉也。"我们可以想见那个画面,宾客们都在宴会上喝酒、欢呼的时候,有一位头发花白、憔悴的老人,醉倒在人群中,凑过去一看,原来是太守大人。是不是感觉有一种落寞和悲伤于不经意间流露了出来?大家欢聚一堂,唯独欧阳修很难融入其中。才四十岁，人已经是苍颜和白发？他为什么这么憔悴呢？怕是内心的失落和悲戚，让他孤独吧。所以他想醉，想要以酒释怀，借醉消愁。

"醉翁之意不在酒，在乎山水之间也。"千百年来，这句话不知道被多少人引用过，但是它其中的真意是什么呢？欧阳修并不是一个特别好酒的人，相比陶渊明的"忽与一觞酒，日夕欢相持"，或者李白的"两人对酌山花开，一杯一杯复一杯"，欧阳修反而是"饮少辄醉"。那么，一个不胜酒力的人，称自己为"醉翁"，他是真的喝醉了吗？没有！不仅没醉，他还非常清醒。

"醉翁之意不在酒，在乎山水之间也"，山水之间有什么？有日出日落，还有四时变幻。"四时之景不同，则乐亦无穷也"，既然连天地自然，都有四季轮回的变化，那人生的朝夕变迁，又有什么接受不了的呢？所以，这才是欧阳修真正的人生态度：在挫折和罹难中，努力去寻找快乐，追寻自己的理想。这也是一位儒者入世的至高境界。

据说《醉翁亭记》当年一经传出，天下人莫不传诵，家家户户都抢着读这篇千古佳作。琅琊山的僧人把全文刻在了醉翁亭旁边的石碑上，结果前来求取拓本的人络绎不绝，导致寺庙里打碑的毡子全部用光了，最后连和尚们垫着睡觉的卧毡也被拿去用了。

当然，千百年来，世人对这篇文章的推崇，除了文章本身情景相融的诗情之外，更在于这是一篇欧阳修于苦难中炼出的华美之章。此时的欧阳修，虽然说四十未为老，但他的内心已经开始发生一些微妙的变化，他的锋芒和锐气，正在渐渐地收敛。

——— 03 ———

嘉祐二年（1057年），五十一岁的欧阳修被宋仁宗任命为知礼部贡举，就是全国贡举考试的总负责人。为了表示充分的信任和恩宠，宋仁宗还特地赐给欧阳修"文儒"两个字，言下之意是夸赞欧阳修是孔门儒学之正道、当今文章之魁首，希望欧阳修可以为大宋王朝选拔出一批得力干将。

之前"庆历新政"失败，欧阳修被贬谪到外地将近十年，十年的漂泊生涯后，他已是两鬓斑白，本来就不高的个子，背一驼，更显得瘦小。此时，宋仁宗任命他为贡举考试的主考官，他对此也满怀期待，因为改革贡举考试，优化人才的选拔方式，让真正有识之士能够公平入仕，是欧阳修由来已久的愿望。这一次，他终于可以如愿，痛改考试弊病，革新文风。

自宋朝建立以来，贡举考试一般是三年一次，后来因为考生太多，所以就改为隔年一考。而欧阳修上任那年（1057年）正好就是考试年。早在十三年前，欧阳修就上书过一封《论更改贡举事件札子》的奏疏，里面提出了关于贡举改革的诸多建议，但当时没有引起什么反响。一晃多年之后，风水轮流转，欧阳修自己竟成了主考官，估计连他自己也没想到，他由来已久的愿望就要实现了。

那他当年在札子里到底提了什么呢？内容概括起来就两点，一是改变考试方式，二是改革文风。

当时，欧阳修痛恨的"西昆体"已经不太流行了，但是又冒出来一种新文体，叫"太学体"，什么是"太学体"呢？通俗来讲，就是那些反对"西昆体"崇尚"古文"的人走向了另一个极端，导致文风虽然简单，但用词怪异，晦涩难懂，不说人话。

在当时的学子中，追崇"太学体"的人很多，其中就有一个突出代表——刘几。刘几那年也参加贡举考试，是大家都看好的夺魁选手。但刘几没想到，自己遇上的主考官是欧阳修。考前，欧阳修一遍又一遍地跟考官们强调考场纪律，他自己还制定了一套"不合时"的评分标准，就是考生的文章必须要平易自然、言之有物。凡是那种故弄玄虚，写奇文、怪文，写"太学体"的考生，一律淘汰！

在阅卷过程中，欧阳修果然发现有一份卷子，结尾的地方写着："天地轧，万物茁，圣人发。"欧阳修笑着对同事说："我猜这大概率是刘几的'杰作'！"说完，他还调皮地在卷子后面加了两句："秀才剌，试官刷。"然后又在空白处写了一个大大的"谬"字，还把这张卷子贴在墙上，当成反面案例，让大家参考。

后来揭名的时候,大家发现这篇文章果然就是刘几的大作。在欧阳修这种"不合时"的标准下,绝大多数考生的文章都被划为了不合格。但其中有一篇例外,这篇文章论证充分,语言流畅自然,全文只有六百多个字,就把"以仁治国"的思想阐述得清清楚楚。欧阳修在读了一堆奇文、怪文之后,突然读到这样一篇美文,十分激动,他说:"此人可谓善读书,善用书,他日文章必独步天下。"随后,考官们互相传阅、探讨,一致认为,这就是本场的最佳文章!但此刻,欧阳修留了一个心眼,因为他的得意门生曾巩,这次也参加了考试。欧阳修拿着这篇文章反复琢磨了一阵,最后他笃定,能写出如此出色文章的,除了自己爱徒曾巩,天下恐怕没有第二人了。所以,如果这真的是曾巩的卷子,自己给自己学生评了个第一名,岂不遭人误会,所以欧阳修故意给了这篇文章第二名。

但其实,这是一场大乌龙。张榜那天,曾巩虽然榜上有名,但不是第二名,那篇让欧阳修赞不绝口的文章是一位来自四川眉山的小伙子苏轼写的,而且苏轼的弟弟苏辙,也上榜了,排在第五名。所以,欧阳修对他们是有知遇之恩的。

不仅如此,这一届贡举考试上榜的人,还有很多我们现在熟知的"大咖",比如曾巩一家六个考生,宋明理学的引路人张载和程颢,以及后来的宰相、王安石变法的二号人物吕惠卿,等等。总之,这次考试选出来的精英,后来都成了北宋政界、文坛、思想界的一座座高山，而这一届科考也毫无争议地成为"千年科考"史上的第一榜，欧阳修更是被后人冠上了"千古伯乐"的美称。

但这件事还没完，这边有人上榜，那另一边就有人落榜。按照欧阳修的评价标准，很多被大家看好的种子选手这次都落榜了。就是因为欧阳修改变了评判标准，很多原本在太学里学业优秀的士子都名落孙山，他们的愤怒可想而知。

南宋的历史学家李焘在《续资治通鉴长编》里，对这件事是这样描述的："及试榜出，时所推誉，皆不在选。嚣薄之士，侯修晨朝，群聚诟斥之，至街司逻吏不能止，或为《祭欧阳修文》投其家，卒不能求其主名置于法。然文体自是亦少变。"

什么意思呢？就是说这录取榜出来之后，那些落榜的人趁着欧阳修上早朝的时候，把他团团围住，不断地责骂他，直到负责治安的官员赶来都没办法把他们拉开。更过分的是，还有人给欧阳修写了一篇匿名祭文，送到他家去诅咒他，欧阳修生气但也没办法，因为找不到始作俑者。但好的一点是，"文体自是亦少变"。也就是说，士子们开始写"平淡典要"的文章了。此后，平易自然、流畅婉转，逐渐成为宋代散文的群体风格。

其实，从最早的倡导韩愈的"古文"，反对浮艳的"西昆体"，到汲取前人古文写作的失败经验，反对奇涩的"太学体"，欧阳修前后付出了将近三十年的不懈努力。这期间，他无时无刻不在与潮流相抗衡，为此，他也付出了很多惨痛代价。但好在，欧阳修终于实现了自己的目标,将宋朝的古文运动引入健康发展的轨道,让宋代散文垂范后世。作为开创一代文风的宗师,欧阳修为中国散文史做出了突出贡献,其影响是难以估量的。

在欧阳修身上,我们可以看到,他不追时好,不逐名利,始终坚守初衷,保持清醒,这种坚韧和净透,不仅是他能够成为一代文宗的重要人格,也是他历经宦海浮沉,依然能保持本心的根本原因。

苏轼：一蓑烟雨任平生

词至东坡，倾荡磊落，
如诗如文，如天地奇观。

01

苏轼是继李白之后的又一位国民偶像,古往今来,他的故事和作品一直稳居"热门榜"。苏轼为什么这么受欢迎呢？因为他的确是一位"宝藏"先生。

苏轼文采斐然,他的文字富有灵性,随意落笔便能直入人心。苏轼还擅长书法,喜欢画画,爱玩,还好吃。在苏轼身上,我们既能看到一个普通人的烟火气,又能感受到一个卓越人才的精神品质。

苏轼的一生跌宕起伏,他的官职最高做到了礼部尚书的位置,而人生中最低谷的时候,他被贬去了蛮荒之地儋州,也就是今天的海南岛,虽然海南岛如今是度假胜地,但是在北宋时期,整个海南岛物质资源贫乏,文化水平落后,处于尚未开化的阶段。

苏轼被贬海南的时候,已经到了花甲之年,他到达儋州的第一件事是给自己制作一副棺材,再选一块墓地。他对好友王敏仲说:"今到海南,首当作棺,次便做墓,仍留手疏与诸子,死则葬于海外。"可以说,苏轼是抱着必死无返的心态来到儋州的。纵观苏轼的一生,像这样艰难的时刻,并不少见。据不完全统计,苏轼先后在十四个州县担任过职务，因为工作变动，他几乎走过了大半个中国。

其实，苏轼青年时期的仕途还是很顺畅的，他二十二岁进士及第，当时的主考官欧阳修对他甚是偏爱，他考试那年，一共录取了三百八十八人，苏轼以绝对优势名列第二，他的弟弟苏辙名列第五。苏轼在考场上写的那篇策论《刑赏忠厚之至论》，后来还被收录到《古文观止》当中。

不仅欧阳修认为苏轼有才，宋仁宗也很看重苏轼，认为苏轼有宰相之才。科举高中后的苏轼，担任的第一个官职就是大理评事签书凤翔府判官，属于正八品，相当于现在陕西凤翔人民政府的秘书长，级别不低。那时候，苏轼自己也是满腔热血，一心报国。勤勤恳恳干了三年后，苏轼被调往朝廷中心，在当时的国家图书馆任职。后来，他又去杭州任通判，去密州（今山东诸城）任太守，又转战徐州、湖州等地。这期间，苏轼经历了丧妻、丧父之痛，还曾回家为父亲守丧三年。不过，跟他之后的人生经历相比，这个阶段应该是苏轼一生中最意气风发的时候，也是他文学创作的高峰期。

———— 02 ————

苏轼为我们留下了很多经典的传世名篇，比如一直被后人称颂的"密州三曲"：猎词《江城子·密州出猎》、月词《水调歌头·明月几时有》和悼词《江城子·乙卯正月二十日夜记梦》。

"密州三曲"写于苏轼在密州任太守的时候，其中第一首《江城子·密州出猎》，地位颇高，可谓是开创了北宋的豪放词风。

老夫聊发少年狂，左牵黄，右擎苍，锦帽貂裘，千骑卷平冈。为报倾城随太守，亲射虎，看孙郎。

酒酣胸胆尚开张，鬓微霜，又何妨！持节云中，何日遣冯唐？会挽雕弓如满月，西北望，射天狼。

这首词写于宋神宗熙宁八年（1075年）的冬天，讲的是苏轼一次出猎的经历。如果用一个字来形容这首词，应该是"狂"。词的上阕说，自己姑且像年轻人一样狂傲，左手牵着黄狗，右手托着苍鹰，头戴锦帽，身着貂衣，随从们也是个个全副武装，全城的百姓也都涌来，看他们的太守打猎。苏轼还说，他要亲手射杀猛虎，就像三国时期孙权一样。

其实写这首诗的时候，苏轼不过才四十岁，虽然在古时候，人的寿命并没有现代人这么长，但是四十岁也不算太老，苏轼却已经自称"老夫"，又说"聊发"，与"少年"形成强烈的反差对比，流露出他内心的积郁和不满。

密州是一个非常贫苦的地方，苏轼在杭州通判任期结束之后，竟然主动要求去密州任太守，他为什么要做出这样的决定呢？

当时，王安石在朝中推行"变法"，苏轼和王安石政见不合，他反对王安石主张的"新法"，也因此在朝廷中遭到了以王安石为首的"通变派"的排挤，甚至还被诬告中伤。而宋神宗又支持变法，所以苏轼迫于压力，不得不自请外任，他先是去了杭州，在杭州任期满后，苏轼为了离自己的弟弟苏辙近一些，便主动要求去与苏辙所在的齐州（今山东省济南市）相距不远的密州任职。遗憾的是，苏轼在密州并没有见到苏辙。

这首《江城子·密州出猎》的下阕是抒情的部分，饮酒到兴起，纵生白发，但心志尚在，苏轼借用汉文帝采纳冯唐建议重新重用魏尚的典故，来委婉地表达希望朝廷对自己委以重任的盼望，以及赴边疆抗敌的志向。到那个时候，他将拉弓如满月，狠狠地抗击西夏和辽国的侵扰。当然，这不是说苏轼真的要去上阵杀敌，他只是借此抒发被朝廷重新重用的心愿。几年"外任"的经历，让苏轼深刻地明白了"天高皇帝远"的道理，如果远离政治中心，纵使自己有再大的能力和心力，也很难有一番作为。

整首词解析下来，可以说是"狂"态毕露，这和苏轼的性格有很大关系，他阳光开朗，壮志凌云，从不在意小的挫折。如果换作类似于诗圣杜甫这样的性格，可能也是要"白头搔更短，浑欲不胜簪"了。

总之，这首《江城子·密州出猎》一反宋词的婉约之风，远离儿女情长、离愁别绪的主题，充满了阳刚之美。上阕写出猎，下阕写请战，本是趣味盎然的"打猎"，在苏轼的笔下，竟可以用来抒发兴国安邦的志愿，这种"横槊赋诗"的气概，不仅提高了宋词的词品，拓展了词的境界，还为词的创作开辟了一条崭新的道路。

―――― 03 ――――

除了《江城子·密州出猎》，苏东坡在密州的第二首经典之作就是《水调歌头·明月几时有》。这首词已经成为中秋诗词的代表性作品，也被赞誉是"写月亮写得最好的词"。

据考证，这首《水调歌头·明月几时有》创作于苏轼到密州后的第三个中秋节。

苏轼所在的密州，距离他的弟弟苏辙所在的齐州并不算远，大概相距三百公里。当时，苏轼任杭州通判期满之后，主动要求去密州，很大一部分原因是期待兄弟两人能够相聚，但一切似乎都事与愿违，苏轼到密州之后，公务繁忙，几乎没有闲暇的时间能够去看望弟弟。苏轼到密州两年，兄弟二人始终没有机会见上一面，于是，在公元1076年的中秋节，苏轼独自对月伤怀，他喝得酩酊大醉，之后乘着酒兴，写下了《水调歌头·明月几时有》，怀念自己同在山东，却无缘一见的弟弟苏辙。

苏轼在这首词前面的小序中写道:"丙辰中秋,欢饮达旦,大醉,作此篇,兼怀子由。"子由是苏辙的字。这首《水调歌头·明月几时有》还被改编为歌词,风靡一时,无论是朗读,还是吟唱,这首词都朗朗上口:

> 明月几时有,把酒问青天。不知天上宫阙,今夕是何年。我欲乘风归去,又恐琼楼玉宇,高处不胜寒。起舞弄清影,何似在人间!
>
> 转朱阁,低绮户,照无眠。不应有恨,何事长向别时圆?人有悲欢离合,月有阴晴圆缺,此事古难全。但愿人长久,千里共婵娟。

苏轼在这首词上阕的第一句话中,提出了一个问题:"明月几时有?"明月是从什么时候开始有的呢?这个问题非常有趣,似乎是在追溯明月的起源、宇宙的起源,又好像是在惊叹,宇宙和自然造化的巧妙。"把酒问青天",我端起酒杯来询问青天。苏轼在这里把青天当成了自己的朋友,以酒相问。这两句其实是从李白的《把酒问月》这首诗中脱化而来的,李白的原句是:"青天有月来几时?我今停杯一问之。"不过,李白创作这首诗时的语气,没有苏轼那么迫切,苏轼想要"乘风归去",飞往月宫。他为什么想要飞向月宫呢?

苏轼紧接着说,"不知天上宫阙,今夕是何年",明月自诞生以来,已经过去许多年了,不知道在月宫里,今晚是什么日子,在苏轼的想象中,那一定是一个特别的日子,是一个美好的日子,所以月亮才会这样圆、这样亮。这进一步抒发了苏轼对于明月的赞美与向往之情。

接着,苏轼写道:"我欲乘风归去,又恐琼楼玉宇,高处不胜寒。"他想乘风飞向月宫,又怕月宫的琼楼玉宇太高,自己无法承受那里的寒冷。月光的皎洁让人不禁联想到月宫楼宇的高寒,苏轼在这里,十分含蓄地写出了一种既向往月宫,又留恋人间的矛盾心理。

"我欲乘风归去"中的"归去"二字也十分值得推敲。他想要飞向月宫,但为什么说是"归去"呢?苏轼受道家的影响很深,他的许多传世佳作都充盈着道家情怀,苏轼总是用一种超然物外的态度来看待生活,所以常有出世登仙的想法。比如他在《前赤壁赋》中描写月下泛舟时的场景,就流露着一种飘然欲仙的状态:"浩浩乎如冯虚御风,而不知其所止;飘飘乎如遗世独立,羽化而登仙。"此处也是先由"望月",进而想到"登仙",与《水调歌头·明月几时有》互为印证。

不过,苏轼还是更热爱人间的生活,"起舞弄清影,何似在人间!"与其飞往高寒的月宫,还不如留在人间,乘着月光起舞。这里的"清影",指的是月光之下,自己清朗的身影。那"起舞弄清影",则是自己和自己的影子相伴,一起跳舞嬉戏的意思。

李白当年在《月下独酌》里也曾说："我歌月徘徊，我舞影零乱。"苏轼的"起舞弄清影"也正是从这里脱化而来，由此可见，苏轼也非常喜欢李白的诗作。

总之，这首词的上阕，苏轼从幻想"飞天入月"写起，最后又以对人间的热爱之情落笔。一个"我欲"、一个"又恐"、一个"何似"，其中的转折开阖，充分显示出苏轼内心的犹豫、纠结和感情波澜。在出世与入世的矛盾中，入世的思想最终占得上风。

"明月几时有？"这在千百年前，的确是一个无法回答的问题，乘风上天，更是一种幻想，而在今天，借助高度发达的科技，这两个问题都已经有了答案。那苏轼的这首词为什么依旧能够"圈粉"无数呢？因为我们在这首诗中读到的，是苏轼的想象力，而这种想象力所形成的艺术张力，即便是经过千年的洗礼，仍会让我们为之心动不已。

词的下阕，苏轼由中秋的圆月，联想到人间的离别。"转朱阁，低绮户，照无眠。""转"和"低"，都是指月亮的移动，暗示时间的推移，此时已夜色过半，月光绕过朱红色的楼阁，低低地穿过雕花的门窗，照映着屋里的失眠之人。画面感跃然纸上。

那这些人为什么会失眠呢？他们不能与亲人团圆，因此忧伤感慨，以至于夜不能寐。月圆而人不能圆，这是多么遗憾的一件事啊！所以，苏轼埋怨明月，他说："不应有恨,何事长向别时圆？"明月你总不该对人有什么怨恨吧，为什么总在人们离别的时候才圆呢？这句词看上去是在责怪月亮，故意与人为难，使人增添烦恼，实际上含蓄地表达了苏轼对不能相聚的离人们的同情。

接着，苏轼笔锋一转，写道："人有悲欢离合，月有阴晴圆缺，此事古难全。"不仅是人，连月亮也会有阴晴圆缺，自古以来世间就难有十全十美的事，既然如此，又何必为暂时的离别而感到忧伤呢？

"但愿人长久，千里共婵娟。"末尾这句词是全篇的点睛之笔，不禁让人联想到王勃的那一句"海内存知己，天涯若比邻"。张九龄在《望月怀远》中说："海上生明月，天涯共此时。"许浑在《秋霁寄远》里说："唯应待明月，千里与君同。"这些都与苏轼的这两句词有异曲同工之妙。既然离别是难免的，那么只要亲人健在，即使远隔千里，也可以通过这轮明月，把彼此的心紧紧地联结在一起。

这首《水调歌头》，历来备受世人推崇。南宋胡仔在《苕溪渔隐丛话》中说："中秋词，自东坡《水调歌头》一出，余词尽废。"的确，这首词仿佛是苏轼在与明月对话，且在对话中探讨了人生的意义，既有理趣，又有情趣，它的想象力之丰富，意境之豪放，格调之潇洒，语言之行云流水，无论何时品读，皆是美的享受。

04

诗有李白，词有苏轼。如果说唐诗以李白为冠，那么宋词理当以苏轼为首。

在苏轼之前，"词"是一种上不得台面的文章体裁。在正统文人看来，"词"是一种音乐文学，就像如今的歌词一样，几乎没有创作门槛，也不会有人因为歌词创作得好而被称为文豪。苏轼打破了这一惯例，他把词抬至与诗歌并列的地位。后人评价苏轼的词："词至东坡，倾荡磊落，如诗如文，如天地奇观。"而对于苏轼本人来说，正是他在密州任太守期间完成的"密州三曲"，使他在词作方面有了质的蜕变。"密州三曲"的第三曲是《江城子·乙卯正月二十日夜记梦》。

这首词是苏轼为发妻王弗写的一首悼词。苏轼与王弗成婚的那一年，苏轼十九岁，王弗十六岁，两个人是少年夫妻。他们的爱情故事在民间广为流传，关于苏轼和王弗的初遇，还有一段浪漫的佳话。

那时候王弗的父亲王方在眉州青神县的一个书院做教书先生，王方是当地有名的乡贡进士。苏轼正好在此处求学。这座书院旁边有一个清澈的鱼池，有一天，王方心血来潮，汇集了一群文人书生，让大家为鱼池取个名字，众人各抒己见，但王方都不满意。这个时候，苏轼说："老师，我来试试，您看这鱼池里的鱼，很有灵性，呼之即来挥之即去，不如咱们叫它'唤鱼池'怎么样？"巧合的是，王方的女儿王弗，听到自己的父亲要给鱼池取名，她也给这个池子取了一个名字，叫"唤鱼池"。王方一看，很是惊喜，感叹两人是天作之合，就把女儿许配给了苏轼。

之后的日子里，王弗一路陪着苏轼读书，王弗虽然年纪小，但极其聪明，察言观色、为人处世都是一流，这和苏轼刚硬的脾性正好互补。

后来苏轼中了进士，但不巧的是，他的母亲在这时候病逝了，王弗陪着苏轼在老家守丧三年。三年后，苏轼去陕西凤翔府当判官，王弗也带着孩子和丈夫一同去了西部。当时的凤翔府知府陈希亮和苏轼是老乡，但是陈希亮不苟言笑，从来不与别人闲谈，而且对待工作极其严肃，位及知府，还要亲自来撰写公文，生怕下属写得不细致，所以当地人很忌惮这位知府，不敢与他靠近，生怕说错话触怒他。

陈希亮当时已经五十岁了，算是苏轼的长辈，也是苏轼的上级领导，所以陈希亮在面对这个被欧阳修非常看重爱惜的年轻小辈时，更是不假辞色。在听到其他官员喊苏轼"苏贤良"的时候，他也感到非常生气，说："苏轼仅仅是个判官，和贤良根本搭不上关系！"然后把这个官员拖出去杖责一顿。对于苏轼写的公文，"精益求精"的陈知府每次都是涂涂改改之后，再让苏轼重抄一份，然后他再涂涂改改一次，再让苏轼抄，来回几次之后，苏轼很气愤，觉得这陈希亮是故意跟他过不去。从这件事情上看,陈知府多少有点小心眼。

其实在我们身边,在职场上,甚至是在校园里,这种情况也是不可避免的,如果真的遇到一个较真且不喜欢你的人,该怎么办呢?我们必须要明白一点,就是无论我们自己做得多好,都不可能让所有人喜欢,但"做自己"肯定是没错的。但如果这个人偏偏又是你的领导,怎么办呢?有一个比较好的处理方式,就是保持距离,平时有事说事,事外完全可以各自过自己的生活。有句话说得好,要允许别人做别人,也要允许自己做自己。

但苏轼脾气硬,他在跟自己的"领导"陈希亮发生争吵之后,直接对他敬而远之,回避不见了。就连中元节知府举办的常规宴会,苏轼也不去参加,更别说按规定去拜见这位让他讨厌的上司了,结果,陈希亮抓住这个把柄,说苏轼违反礼仪,罚了他八斤铜,相当于一千六百文钱。

王弗为此很是着急,她了解苏东坡的直性子,但是陈希亮毕竟是上级,苏轼这样喜怒都写在脸上,确实容易落下口舌。于是她就嘱咐苏轼,一定要慎言。此后,只要苏轼在家里会客,王弗就躲在屏风后面听,等客人走了,她再和苏轼一起讨论。在妻子的提点下,苏轼的言行、脾气都克制了许多,如果夫妻两人能一直这样携手走下去,苏轼的仕途也许会一路康庄。但遗憾的是,就在苏轼刚刚外任满三年,回到汴京准备参加官职考试的时候,王弗病逝了，年仅二十七岁。从此，苏轼身边再也没有一个像王弗这样贤惠的妻子兼得力助手，也再没有人管着他的脾气了。就这样，苏轼开始了自己波折的下半生。

转眼间，王弗已经去世十年了，这十年里，苏轼因为与王安石政见不合，在朝廷上下得罪了不少人，也因此在仕途上颠沛辗转，本以为在密州任职会见到弟弟苏辙，偏偏天不遂人愿，不仅如此，苏轼还发现密州百姓生活贫困、蝗虫灾害极其严重等民生问题。于是他亲自带着百姓拿着火把，下田驱逐蝗虫，等到好不容易缓解了虫灾，又赶上旱灾，苏轼又带着一群人上山祈雨、四处寻找水源，还整修河道，兴建水利工程。

工作是忙碌的，生活是艰苦的。而人在最艰难的时候，想到的一定是生命中最值得信任的人。于是，在某个冬夜，苏轼梦见了分别十年的发妻王弗，苏轼在梦里与王弗互诉衷肠，醒来却发现，原来是一场梦，苏轼心中悲苦不已，他提笔写下《江城子·乙卯正月二十日夜记梦》。

十年生死两茫茫，不思量，自难忘。千里孤坟，无处话凄凉。纵使相逢应不识，尘满面，鬓如霜。

夜来幽梦忽还乡，小轩窗，正梳妆。相顾无言，惟有泪千行。料得年年肠断处，明月夜，短松冈。

意思就是，这十年里，我从来没有刻意地想过你，但也从未忘记过你，这是一种什么样的感觉呢？也许就像喝水一样，喝的时候我们不会觉得水有多么特别，因为每天都喝，渴的时候喝，不渴的时候也会喝，这是我们不自觉的小习惯，不用时时刻刻想着，但也从来没有消失在我们的生活中。苏轼的"不思量，自难忘"，也是这样一种情绪，对妻子王弗的思念，已经成为他生命的一部分，不需要谁的提醒，也不用刻意地回想，更不会有一丝一毫的忘记。

苏轼在词中说，记得上一次相见，我们都还是年轻时候的样子，而如今的我，早已两鬓斑白，满面沧桑，如果再遇见，你也许真的不会认出我了。而刚才在梦中，我回到了家乡，看见你正在梳妆，想对你说的话很多，我却一个字也说不出来，唯有不停地落泪。

在这首词的上阕，一句"十年生死两茫茫"，写尽了岁月流逝的无情。"不思量，自难忘"，纵使十年过去，我对你的爱依然笃定如初。最让人难过的一句，"纵使相逢应不识，尘满面，鬓如霜"，就像是苏轼在词中作了一幅画，我们仿佛就能看到，在某个跨越时空的瞬间，王弗与苏轼重逢，她一定会认出白发如霜的苏轼，之后满眼心疼，止不住地流泪。

词的下阕记述的是苏轼的梦境，在梦中，苏轼真的见到了王弗，却一个字也说不出来。或许我们也体会过这种感觉，有一个特别想见的人，明明在见他之前，我们在心里准备了许多要说的话，甚至演练了很多遍，但等到真正见面的时候，却喉咙哽咽，只顾流泪,一句话也说不出来。最后一句"料得年年肠断处,明月夜,短松冈",是苏轼梦醒之后的愁思,他在想,为什么自己的妻子会这样哀苦呢?一定是因为独自被葬在故乡的短松冈上,无限孤独啊!

不难看出,苏轼虽然脾气硬,但他也是一个细腻的人,他总是很精准地把握住人性中最柔软的一面,这种微妙的感情是抽象的,苏轼却能够用简短的几句诗词,将这样的情思淋漓尽致地表现出来,还极具画面感,读来不禁令人潸然泪下。

李清照：风雨中做自己的光

她如生在风雨中的一朵花，
　随风摇曳但不凌乱，
　　娇艳又不失淡雅，
　没有人知道她的颜色，
却看得清她荧荧闪烁着的风骨。

―― 01 ――

昨夜雨疏风骤。浓睡不消残酒。试问卷帘人,却道海棠依旧。知否?知否?应是绿肥红瘦。

读起这首词,很多人可能已经不自觉地唱起来了,脑子里可能还会浮现出电视剧《知否知否应是绿肥红瘦》里,盛明兰坚韧成长的画面,但是我们的主人公不是盛明兰,而是这首词的作者——李清照。

公元1084年3月,李清照出生在山东济南城东的章丘县。她的父亲李格非深受大文豪苏东坡的赏识,苏东坡给他引荐了各种人脉,李格非也成为"苏门后四学士"之一。后来李格非又升为礼部员外郎,相当于现在的处长级别。而李清照的母亲,有人说她是北宋宰相王珪之女,也有人说是状元王拱辰的孙女,这一点在历史上是有争议的,但毋庸置疑的是,李清照的母亲,也是一位出身不错,颇有文化修养的女性。

李清照在这样的家庭氛围中长大,从小耳濡目染,她的老师都是晁补之、黄庭坚这种大咖，所以李清照很难没有才情。而且李清照家的家教非常开明，甚至可以说是走在时代的前沿。她的家人从来不像当时封建家庭对待闺阁女子那样束缚她。

十几年后，李清照出落成了一个模样清秀、气质卓绝的少女，但她的心里还住着一匹随时等着脱缰的野马。

李清照最与众不同的爱好有两个：一个是喝酒，一个是打麻将。平时跟好朋友聚会的时候，别人家的女儿都是姿态温婉地品茶，李清照则大步流星地走过来，掏出自己带的一壶小酒，喝到兴致高的时候，还要赌上几把，而且是不尽兴不罢休。这几个好朋友家里的长辈听说以后，纷纷拦住自家女儿，不让她们和李清照交往了。

后来，李清照无聊至极，就偷偷乔装打扮，带着家里的婢女满城闲逛，学"绿林好汉"的样子惩恶扬善，还为此招惹了很多麻烦。李格非知道以后，又舍不得打自己女儿，便只好惩罚仆人。

所以我们说，青年时期的李清照，绝对是一位走在时代前沿的女性。虽然李清照的顽皮让父母很头疼，但这位女儿的才华，也同样足以让她的父母得意一生。

这天，李清照又跑出去喝酒，喝多了迷迷糊糊往家里走，结果半途迷路了，她倒是不慌不忙，路找不到没关系，先把自己的兴致抒发一番：

常记溪亭日暮,沉醉不知归路。兴尽晚回舟,误入藕花深处。争渡,争渡,惊起一滩鸥鹭。

这首《如梦令》是十几岁的李清照初显身手之作,李格非看到之后,大为震惊,自己女儿原来如此有才,他兴奋地拿着这首诗到处让好朋友点评,读过的人,都竖起大拇指称赞这位小姑娘文采斐然。

后来,李格非工作调动,一家人也跟着他搬去京城定居,但李清照依然不改嗜酒的癖好。那天她又喝醉了,这次虽然没有迷路,但宿醉之后,只记得昨晚淋了一场大雨,其他什么都想不起来了。突然,她猛地想起院子里的海棠是不是也被雨打坏了,于是又一篇经典名词脱口而出,就是我们开篇读到的《如梦令·昨夜雨疏风骤》。

其实,除了记录她宿醉这件小事之外,这首词真正让人回味无穷之处,在于整首词委婉地表达了李清照的"惜花伤春"之感,特别是"绿肥红瘦"这四个字,堪称神来之笔,将一位少女看到花落的那种淡淡的惆怅心境描写得入木三分。也正是这首词,奠定了李清照"才女"的地位,从此,李清照的名号红遍京城。传闻就是因为这首词,赵明诚爱上了李清照,日夜相思。李清照的恩师晁补之也因此感到得意,称赞李清照是"李家有女初长成,雏凤清于老凤声"。

02

十七岁的时候,李清照邂逅了赵明诚。

据传那天是元宵佳节,李清照在院子里荡秋千,突然她听见自己哥哥和另一个男子在说话,抬眼一看,石头后面露出一个风度翩翩的影子,李清照一时间慌乱无措,转身跑进门,头上的金钗滑落到地上,她回过头,装作嗅青梅的样子,把这位陌生男子看了个清清楚楚,之后她还写了首《点绛唇》,记录这次与赵明诚的初见。

> 蹴罢秋千,起来慵整纤纤手。露浓花瘦,薄汗轻衣透。
> 见客入来,袜刬金钗溜。和羞走,倚门回首,却把青梅嗅。

赵明诚性格开朗,还喜欢收集金石、字画和一些古玩,他和李清照情投意合,两个人在父母的撮合下很快就结婚了。婚后,两个人一起诗歌唱和,一起上山寻宝,日子过得十分文艺和浪漫。其间,李清照还写下很多词作,来记录他们这两个文艺小青年的幸福生活。

可惜没过多久,李清照的父亲因为党派之争被罢官了,朝廷要求他带着全家返回原籍,当时李清照找了很多身居高位的亲戚朋友，想尽办法留在京城，但都无济于事，最后，她只好先跟着父亲回老家，与丈夫赵明诚暂时分别。

对于新婚小夫妻来说，分离的日子简直度日如年。思念赵明诚的时候，李清照曾写下一首《一剪梅》：

红藕香残玉簟秋。轻解罗裳，独上兰舟。云中谁寄锦书来？雁字回时，月满西楼。

花自飘零水自流，一种相思，两处闲愁。此情无计可消除，才下眉头，却上心头。

李清照的词，字字句句清新秀丽，她融荷花、竹席、白云、南归的大雁等一系列日常生活中的物象，来刻画自己凄凉独处时的内心感受。此刻，落花和流水无情消逝，但人心却有情，在互相思念。

除了这首感情细腻的《一剪梅》，李清照还写过一首《醉花阴》：

薄雾浓云愁永昼，瑞脑销金兽。佳节又重阳，玉枕纱厨，半夜凉初透。

东篱把酒黄昏后，有暗香盈袖。莫道不销魂，帘卷西风，人比黄花瘦。

据说赵明诚看到这首词以后，把自己关在屋里整整三天，力求写下比这首词更好的句子，他一口气创作了五十多首词，然后把李清照的这首《醉花阴》混在里面，拿给朋友点评，朋友读完以后，说："这么多词作，只有三句话最佳。"赵明诚眼睛一亮，赶紧问是哪三句，朋友指着《醉花阴》说："莫道不销魂，帘卷西风，人比黄花瘦。"听完之后，赵明诚无奈地挠挠头，只能承认自己的水平比妻子还差那么一点点。

李清照跟丈夫赵明诚分居几个月后，赵明诚的父亲赵挺之得罪了权贵，也被要求全家遣返原籍，李清照跟着赵明诚回了青州（今山东省青州市）乡下。

李清照和赵明诚在青州生活了十年，家里的经济条件虽然一落千丈，但是两个人相互扶持，也并不觉得艰苦，在李清照的帮助下，赵明诚开始写《金石录》，这本书完成之后，成为我国金石学研究的重要文献，学术价值很高。

在写《金石录》期间，赵明诚重新被起用，他喜出望外，决定先去探探路，等仕途稳定下来，再把家人接过去。可没想到，这一别，又是三年。

三年里，李清照强忍着孤单，独自完成了《金石录》最后的编纂工作，她日日期盼丈夫的回音，终于等到赵明诚在莱州任职州府长官，李清照千里迢迢赶去寻夫，路上还给家里的小姐妹寄去一封信：

人道山长山又断,萧萧微雨闻孤馆。惜别伤离方寸乱,忘了临行,酒盏深和浅。

古代人写诗、写词,就好像我们今天发个朋友圈,写个微博一样平常,只不过有才华的李清照,每写一段都成了传世佳作。

——— 03 ———

公元1127年,"靖康之变"爆发,这也是李清照人生的一个拐点。

当时赵明诚在江宁任知府,兵临城下的时候,胆小怕事的赵明诚,竟然第一时间弃城而逃。骨子里生着侠女气魄的李清照,对丈夫的懦弱行为深感失望,但她当时还是表示理解,没有指责赵明诚。后来,局势越来越乱,李清照和赵明诚跟着大部队南逃,途经乌江的时候,李清照想起西楚霸王项羽就是在这里兵败自刎,于是她有感而发,写下一首《夏日绝句》:

生当作人杰,死亦为鬼雄。

至今思项羽,不肯过江东。

赵明诚听明白了李清照诗中的深意,他想起自己当时弃城而逃的狼狈，也感到羞愧，从此更加郁郁寡欢，在逃难路上，感染疾病去世了。

虽然李清照不齿赵明诚的逃跑行为，但这么多年，她对丈夫是有依赖的，失去赵明诚的李清照，就像是被浊浪裹挟的浮萍，她带着自己和赵明诚十几年来积攒下的藏品，东奔西逃。可是身处乱世，一个弱女子根本无法守护那么多宝贝，等她逃到杭州的时候，这些金石字画、玉器文物就已经遗失了大半，李清照非常痛苦、非常自责，就在这个时候，张汝舟出现了。

张汝舟是当地一个小官吏，他对李清照很是照顾，答应和李清照一起守护这些珍品。李清照当时已经四十九岁了，身边也无儿无女。听着张汝舟的真诚告白，她决定不顾流言，再次出嫁。

可是婚后，张汝舟很快就暴露了他的真实面目，他娶李清照，只是看中了她手里的文物，李清照坚决不肯把这些所剩无几的藏品交给他，张汝舟气急败坏，对李清照大打出手。然而最让李清照忍无可忍的是，张汝舟竟然在科举中作弊，而且还贪污腐败，看着张汝舟这副得意狰狞的嘴脸，李清照拍案而起，直接到官府状告张汝舟的罪行。

按照大宋律法，妻子状告自己的丈夫，无论什么原因，都要蹲两年大牢，而李清照非常刚硬，说自己已经做好了身死狱中的准备。最后亲友们实在看不下去，经过多方周旋，在被关押了九天之后，李清照再一次看到了蓝天白云。

这些年的漂泊坎坷，让李清照感到心力交瘁，她出狱后生了一场重病，甚至病到了"牛蚁不分，灰钉已具"的程度，但是最后，李清照又奇迹般地痊愈了。此时，她看着铜镜中两鬓斑白、沧桑虚弱的自己，写下一首《摊破浣溪沙》：

　　病起萧萧两鬓华，卧看残月上窗纱。豆蔻连梢煎熟水，莫分茶。

　　枕上诗书闲处好，门前风景雨来佳。终日向人多酝藉，木犀花。

此刻，李清照已经决定坦然接受一切变故，从此回归平淡生活。晚年的李清照没有再嫁，身边也没有子女，朋友和亲人也相继离去了，正应了她写的那首词《声声慢》：

　　寻寻觅觅，冷冷清清，凄凄惨惨戚戚。乍暖还寒时候，最难将息。三杯两盏淡酒，怎敌他、晚来风急？雁过也，正伤心，却是旧时相识。

　　满地黄花堆积。憔悴损，如今有谁堪摘？守着窗儿，独自怎生得黑？梧桐更兼细雨，到黄昏、点点滴滴。这次第，怎一个愁字了得！

国破家亡，丈夫病故，遇人不淑，所有的愁绪郁结在心头，无处排解，更无人倾诉，李清照望着窗外，点点滴滴的细雨落下来，就像密密麻麻的针尖戳她的心一般，她伸手接了一捧雨水，擦在脸上，泪水融进雨水里，就好像从没哭过一样。

公元1155年，李清照像往常一样，吃了几口粥饭，就开始清扫院子，昨夜又是一场雨疏风骤，海棠花瓣飘落一地，但此时的李清照，没有再发出"绿肥红瘦"的感慨，她知道海棠的花期就要结束了。一番收拾过后，李清照躺在床上小憩，只是这一次，她再也没有醒来。

——— 04 ———

李清照的词一多半都是在写花，但她很少直接写花的娇艳，而是用朴素的笔触表现花的生命力，她早期的词几乎都流露着她对生活的热爱，以及对美好事物的向往，而经历变故之后，李清照的作品虽然显得凄寒，却也贯穿着一股顽强的力量。

很多人说，李清照的性格和行事作风，虽然冲破了封建社会对女子的禁锢，但她却是一个放荡不羁的女子，并不值得我们学习，这样的观点显然有失偏颇。李清照的一生跌宕起伏，她当过养尊处优的富家女儿，也有过相濡以沫的真挚爱情，她经历过孤苦无依的颠沛流离，也感受过世间的人心险恶，她的人生并不完美，甚至一直在走下坡路，但是李清照并没有顺着坎坷跌入低谷，她始终保持着热爱生命、向往自由、追求美好的心愿。曲折的人生经历没有击垮李清照，反而让她以更加坚韧的姿态，矗立在精神的高点。她就像是生在风雨中的一朵花，随风摇曳但不凌乱，娇艳又不失淡雅，没有人知道她的颜色，却看得清她荧荧闪烁着的风骨。

宋徽宗：
最有情趣与艺术气质的皇帝

他所向往的艺术，

不是淫词艳曲，不是靡靡之音，

而是蕴含着典雅气质，华美而简约，

绚丽而不失大气的"宋式美学"。

──── 01 ────

如果历史上有"昏君排行榜",宋徽宗肯定可以上榜;如果历史上有"艺术家排行榜",宋徽宗肯定也可以上榜。

宋徽宗赵佶是北宋第八任皇帝,也是一位优秀的书法家、画家,甚至可以说,他在艺术上是位天才,但偏偏不是一个合格的皇帝,北宋就是在他手上"完蛋"的。

北宋在中国历史上是文艺的高峰时期,涌现出众多文人艺术家,比如我们熟悉的欧阳修、苏轼、苏辙、黄庭坚、米芾、蔡襄等。这很大程度上是因为,北宋开国皇帝赵匡胤一统天下之后,宋朝就开始推行"重文抑武"的政策,而且自北宋开国就有规定不斩言官,所以言论相对自由。这些政策最初的目的是让北宋朝廷休养生息,维护统治,安定天下。

的确,在这种"文治"之下,宋朝的经济越来越发达,第二任皇帝宋太宗赵光义在位期间,宋朝朝廷的收入,一度超过唐朝时期两倍。即使后来宋真宗赵恒和辽国签订"澶渊之盟",宋朝每年要献给辽国绢二十万匹,银十万两,但凭借当时发达的手工业和外贸，宋朝的经济并没有受到什么打击，反而愈加繁荣。

到了宋仁宗时期，虽然改革旧弊的"庆历新政"没能推行下去，但是仁宗皇帝成就了著名的"仁宗盛治"。北宋从这个时候开始，才逐渐显露出内部危机，比如频繁的土地兼并和农民起义，不断恶化的财政问题，等等。

之后，宋英宗赵曙继位四年就驾崩了，功绩寥寥，而宋神宗赵顼、宋哲宗赵煦在位期间，北宋边疆战事不断，而长期的"重文抑武"，让宋军羸弱，这在一定程度上也加速了北宋的衰亡。总之，北宋江山到了中后期，虽然外表光鲜，内里却有早已出现积贫积弱的情况。

宋徽宗赵佶就是在这个时候继位的。

——— 02 ———

赵佶出生于公元1082年，他是宋神宗赵顼的第十一个儿子。传说，就在宋徽宗出生前，神宗皇帝伫立在南唐后主李煜的画像前，被李煜儒雅的气质所吸引，于是他在心里默默祈祷：希望我即将出生的孩子，能像画中人一样温文尔雅，气度不凡。几天后，宋神宗真的梦见了李煜，也就是那一晚，小皇子赵佶降生了。所以民间就开始流传赵佶是南唐后主李煜转世一说。虽然这个只是传闻，但赵佶身上真的有李煜的影子。

继位之前，赵佶就是个整天游山玩水、写字画画的闲散王爷，他把所有的热情和精力都放在了文艺创作上。从小到大，也没有人按照皇帝的标准培养过他。因为赵佶四岁多的时候，宋神宗就去世了，他八岁的时候，母亲也病逝了。而且他在皇子中排行老十一，父母双亡，又不是长子，按理说，这皇位怎么传也传不到他那里。

可世事弄人，谁也没想到，赵佶十九岁的时候，他二十五岁的六哥宋哲宗突然病逝了，因为年轻的哲宗皇帝没有儿子，这个皇位就只能在他们兄弟间找人选了。当时的向太后在宋哲宗期间，垂帘听政八年，朝廷势力非凡，她肯定要通过选新帝来维护自己的利益。最后在各种势力的博弈中，赵佶竟然被推了上去，向太后给出的理由是：他身体好。

这个理由虽然牵强，但也不无道理，毕竟前两任皇帝都是英年早逝。所以，估计赵佶自己都没想到，他有一天竟然莫名其妙地成了皇帝，真的是"天选捡漏王"。宋徽宗就此登场了。

——— 03 ———

其实对赵佶而言，当皇帝完全是个意外，他自己也无心政治，因为他骨子里最喜欢的还是笔墨丹青、文艺创作，当皇帝和艺术好像没有什么关系，所以坐龙椅对他来说，其实也并没有那么令人兴奋。不过，我们相信，没有哪个皇帝的理想是做一个昏君，所以宋徽宗刚登基时，也希望自己能励精图治，成就一番事业。

当时北宋的人口，已经突破了一亿的规模，工商业空前繁荣，海外贸易发达，大城市纷纷崛起，粮食产量也相当丰厚，但同时，土地兼并、党争矛盾也很严重，"冗员、冗兵、冗费"的问题积弊已久，农民起义虽然规模不大，但是越来越频繁，最严重的是，宋朝的军队羸弱，边境战乱不断，宋军几乎没有什么战斗力，接连打败仗，失去了不少疆土，而连年战事对百姓的生活也影响巨大。

面对这些内外矛盾，宋徽宗决定实行变法，这一决定的出发点是好的，但宋徽宗"好皇帝"的人设马上就要崩塌了，因为他重用了一个人，这个人叫蔡京。

蔡京是个怎样的人呢？王安石变法的时候，他支持王安石，司马光推行改革的时候，他支持司马光，后来徽宗朝有官员推崇"新法"，他又积极参与进来搞"新法"，所以总结一下，蔡京就是一棵"墙头草"，政治投机者。但是蔡京有一个优点，就是他的书法写得特别好，蔡京的哥哥蔡襄还是北宋书法四大家之一。所以蔡京就投宋徽宗所好，跟他聊书法，聊艺术，渐渐两人就聊成了知己，宋徽宗一定程度上被蔡京"洗脑"了。

当时蔡京本来已经被罢官，但出于对蔡京的信任，二十一岁的宋徽宗不仅让他复官，还直接让他出任宰相一职。蔡京在政治上没什么才能,如果他无所作为也就罢了,偏偏他又是个无恶不作的小人。仗着皇帝的宠爱,蔡京和一众党羽一起,打着"新法"的旗号,贪污受贿,公开卖官,还巧立名目,征收百姓赋税,自己赚得盆满钵满,却把整个北宋王朝搞得乌烟瘴气。而宋徽宗还沉浸在蔡京给他编织的政治美梦中,丝毫没有意识到问题的严重性。后来朝廷里的谏官们忍无可忍,纷纷上疏弹劾蔡京,宋徽宗无奈之下只好罢了他的官。

但人们说宋徽宗是"昏君",他"昏"在何处呢?

宋徽宗每次罢蔡京官,过不了多久又会给他复官,最后,蔡京为了挡住这些谏官,修改了诏书颁布的流程,直接架空了皇帝。

所以,宋徽宗三十八岁(1119年)的时候,百姓再也无法忍受这种腐朽的统治和压迫,纷纷揭竿而起,爆发了由宋江领导的农民起义。不到一年,南方各地都掀起农民起义热潮,宋徽宗没办法,只好把准备用来打辽国的几十万精兵,先派去南方平叛了。这种内斗加长久的腐败,让北宋朝廷摇摇欲坠。

1120年,宋金两国在海上结盟,一起进攻辽国。在这场战争中,金兵实力非凡,打得辽军节节败退,而相比之下,宋军就像是滥竽充数的南郭先生,虽然这场战争以宋金联军获胜而告终,但同时,宋军也向金兵暴露了自己的羸弱。所以五年后,金兵出兵进攻北宋。

1125年的十二月,金太祖让金兵分东、西两路南下,围攻汴京。当时宋朝的兵部尚书孙傅,一听到金兵来犯,第一时间不是率军出击,而是自乱阵脚,听说自己军中的士兵郭京身怀"通天法术",就赶紧把他叫来,把北宋御敌的希望寄托在"天兵天将"的帮助上。因此,毫无悬念,宋军完全没有抵抗金兵的能力,被打得落花流水。

此时宋徽宗在做什么呢?他一看情况危急,赶紧求和、让位,把皇位禅让给了太子赵桓,也就是宋钦宗,改年号为靖康,他本人则准备出逃。但是很遗憾,宋徽宗跑到半路就被俘了。

1126年年底,东京之战,金军攻破汴京城,金朝皇帝废了宋徽宗和宋钦宗,次年四月,金军把这两个宋朝皇帝,连同数千位嫔妃、宗室贵族、官员,还有皇宫里的各种珍宝,一起押送去了北方。

宋徽宗听说和无数金银财宝一起被押走,他毫无反应,但是听说自己的藏书玉器也被抢了,他顿时崩溃,捶胸长叹。

宋徽宗的结局非常凄凉,被俘之后,他一直被扣在金国,直到八年后客死他乡。

按理说,这样一个被刻在历史耻辱柱上的昏庸皇帝,应该会被后世指责,但为什么到今天,宋徽宗仍然会受到不少人的喜爱呢?这就不得不提这位皇帝的艺术成就。

———— 04 ————

宋徽宗喜欢文学艺术,他为了培养艺术人才,甚至专门开设了一个皇家画院，叫翰林图画院，也叫宣和画院。政务可以交给宰相蔡京全权打理，但选拔画师宋徽宗是要亲力亲为的，他不仅亲自制定严苛的考核标准，就算是王公贵族想来此学习，也要先通过由宋徽宗亲自出考题的六科考试，分别是：佛道、人物、山水、鸟兽、花竹和木屋。比如有一次，宋徽宗出了一道题，要求考生画"踏花归去马蹄香"。"踏花""归去"和"马蹄"都好画，可是"香"这种抽象的味道应该怎么画呢？以"有形表无形"，化"无形为有形"。那届考生绞尽脑汁也不知道该如何落笔。众多画作中，宋徽宗挑出来一幅，这幅画画的是在一个黄昏，一位游玩了一天的官人骑着马回家，马在疾驰，当马蹄高举的瞬间，几只蝴蝶追逐着马蹄翩翩飞舞。用蝴蝶表现无形的"香"，构思非常巧妙。

对于进入宣和画院的画师，宋徽宗也是尽力亲自教导，比如我们熟知的《千里江山图》的作者王希孟。相传王希孟是宋徽宗的亲传弟子，十八岁就画出了惊艳世人的《千里江山图》，但画完这幅画之后，王希孟就消失了，有人说他病逝了，也有人猜测王希孟此人根本就不存在，他就是宋徽宗本人，而这些猜想也增添了《千里江山图》的神秘色彩，让这幅现存于北京故宫博物院的画作变得更加珍贵。

当然，宋徽宗的绘画技巧非凡，尤其擅长花鸟画。比如《芙蓉锦鸡》《池塘秋晚》《瑞鹤图》，都是出自宋徽宗之手。据说有一天，汴京云气飘浮，有仙鹤盘旋于皇宫上空，长鸣如诉，引得行人纷纷驻足观看。宋徽宗见此情景，心中大喜，觉得是国运祥瑞之兆，于是他立刻找来笔墨，在绢布上画下了我们现在看到的这幅《瑞鹤图》。

在这幅画里，宋徽宗用平视的视角，让仙鹤遍布空中，二十只仙鹤每一只都不一样，下面的宫殿对称端正，而上面的仙鹤灵动至极，所以整幅画"静中显动，动中留静"，宛若天成。这幅《瑞鹤图》也被称为是超现实主义的一次伟大尝试。

其实宋徽宗最拿手的还不是绘画，而是书法。宋徽宗早年学黄庭坚、褚遂良、薛稷等人的字，后来他融各家所长，独创了一种瘦金字体，二十三岁的时候，他用瘦金体写下《瘦金体千字文》，从此，一种新的字体流行开来。

瘦金字体，初看又瘦又长，但细看，运笔快捷流畅，笔锋犀利，风骨挺拔，极具艺术个性，这种字体也被称为"屈铁断金"，很难效仿，据说金朝皇帝金章宗，临摹从宋朝皇宫抢来的宋徽宗真迹，苦练多年还是字体纤弱。

除了书法和绘画，汝瓷也跟宋徽宗有关。据说宋徽宗做了一个梦，梦中见到一抹雨过天晴的青蓝色，梦醒后他就叫工匠复刻他梦中的颜色，听起来有点强人所难，但皇帝就是有任性的资本，结果河南汝窑的工匠烧出的汝瓷，真的还原了宋徽宗梦中的颜色，也就是我们现在的天青色。在宋徽宗的偏爱下，汝窑迅速发展为"青瓷之首"，只可惜它的风光也随着北宋的灭亡消失了。因为时间短，胎体薄，流传至今的宋代汝瓷不超过一百件，非常珍贵。

除此之外，宋徽宗对茶道也颇有研究，撰写了《大观茶论》，系统阐述了制茶、泡茶、饮茶的技巧和礼仪。

宋徽宗还爱写诗，《全宋诗》中收录了他四百一十四首诗。他的诗风格多变，前期当皇帝的时候，诗风飘逸婉转；后期北宋灭亡，宋徽宗被掳后，诗风就变得悲凉和伤感。比如《题燕山僧寺壁》：

九叶鸿基一旦休，猖狂不听直臣谋。
甘心万里为降虏，故国悲凉玉殿秋。

这首诗表面上写的是自己心中的悔意，但我们听起来，却有一种国破家亡的破碎感。

再比如他的《眼儿媚·玉京曾忆昔繁华》：

玉京曾忆昔繁华，万里帝王家。琼林玉殿，朝喧弦管，暮列笙琶。
花城人去今萧索，春梦绕胡沙。家山何处，忍听羌笛，吹彻梅花。

这首词在当时流传甚广，朝中官员听后无一不潸然泪下。

05

身为皇帝，宋徽宗在政治上没有改变北宋积贫积弱的局面，反而纵容臣子危害社稷，这是事实。但宋徽宗也曾为了救助贫困病弱的百姓，主持设置了安济坊制度，依寺庙设立医院兼疗养院。他还为僧医设置考察制度，给病人建立"病历"，记录治疗恢复情况，这也是事实。而在艺术上，宋徽宗不仅自己热爱艺术，还推动了整个宋朝文学艺术的发展，虽然北宋王朝只剩半壁江山，但北宋的艺术世界却精彩纷呈，这还是事实。

陈寅恪先生曾说："华夏民族之文化，历数千载之演进，造极于赵宋之世。"宋徽宗在其中起到了很大的推动作用。

能够登上帝王之位的赵佶，是幸运的，但这也是他的不幸，北宋积弊已久，宋徽宗没能改变王朝的困局，更没有守住祖辈打下的江山，确实令人唏嘘。宋徽宗自己也曾日夜难寐，痛心疾首，但身为一个艺术家，宋徽宗的艺术精神是充盈的，他所向往的艺术，不是淫词艳曲，不是靡靡之音，而是蕴含着典雅气质，华美而简约，绚丽而不失大气的"宋式美学"。

如果他不是一个皇帝，我想他一定可以成为一位千古流芳的艺术家。

唐伯虎：佯狂背后的洒脱

当失意、痛苦、贫穷、孤独全都朝他
涌来的时候，
造就的是一个在艺术上
常人无法企及的唐伯虎。

―― 01 ――

提到唐伯虎，不知道大家脑海中第一时间跳出来的关键词是什么？是那个风度翩翩的"江南四大才子"之首，还是周星驰电影当中那个落魄的华安？今天我们来讲讲历史上真实的唐伯虎。

唐伯虎1470年出生在苏州的一户商贩家庭，他的父亲唐广德在当地开了一家小酒馆。

唐伯虎的大名叫唐寅，他出生于寅年，因此取十二地支中的"寅"为名。而他的字是"伯虎"，因为他是家里的长子，所以按照过去名字的排序"伯仲叔季"，他的名字当中就有一个"伯"字，而"寅"在十二生肖中又对应虎，所以取"伯虎"二字，意思是：唐家生于虎年的老大。

小时候的唐伯虎既聪明又调皮，学习能力很强，看书过目不忘。十六岁那年，他参加苏州府的府试，没有刻意复习的他却意外考中了。少年裸考中秀才，让他一时间名满姑苏，大家都对这个意气风发的小伙子充满了期待。祝枝山给唐伯虎写的墓志铭上，提到这段往事，用"童髫中科第，一日四海惊称之"来称赞少年高中秀才的唐伯虎。

唐伯虎除了聪明，还爱喝酒，后来被我们合称为"江南四大才子"的另外三位，祝枝山、文徵明、徐祯卿都是唐伯虎的酒友。那时候他们经常聚在一起豪饮，有一次酒喝完了，但大家好像都没尽兴，你看着我，我看着你，谁身上也没有多余的钱了。这个时候，不知道谁说了一句："我们不如把外套当了换点酒钱吧。"大家一拍即合，全都立刻脱下外套，直奔当铺换钱买酒。喝得差不多的时候，唐伯虎乘着醉意大笔一挥，画了几幅山水画，第二天他就把这些画卖了，再去当铺帮朋友们把衣服赎回来。

可这还不是他最"疯狂"的行为，为了喝酒，他还经常跟朋友们扮成乞丐，在大街上一边敲鼓一边唱歌。对于这种游戏，唐伯虎是玩得不亦乐乎，因为经常有人路过会给他们丢几个铜板，他们正好用来买酒，所以他总得意地说："可惜这种快乐没有办法让李白知道。"

自古以来，但凡有才的人都有些傲气，唐伯虎也不例外，在他心里，那些对待达官显贵们的规矩都是不成立的。有一次，他在山腰上遇到几位富人正在登山赋诗，他的表演欲一下子就上来了，于是又扮成乞丐，走上前对他们说："诸位今日赋诗，能让乞儿作和吗？"大家一看他是个乞丐，很不屑，但又想看他笑话，于是端来纸笔让他写诗。唐伯虎大笔一挥，写下"一上一上"四个字之后转头就走。这时候富人们都笑了，说："我们早知乞儿不能作诗。"唐伯虎笑道："我生性爱喝酒，只能喝了酒才可以继续写，君能赐我一杯酒吗？"这时候大家笑得更厉害了，于是端来酒，准备让唐伯虎出丑出到底。唐伯虎也不推辞，端起酒杯一饮而尽，直接续写道："一上一上又一上，一上直到高山上。举头红日白云低，五湖四海皆一望。"这下没人敢说话了，大家都觉得眼前这个乞丐的确有两把刷子。唐伯虎就这样跟着这群人喝酒聊天，直到最后，也没有人知道他是谁。

02

十九岁的时候，唐伯虎迎娶了当地一个大户人家的女儿徐氏，婚后妻子还为他生了一个儿子。可以说，二十岁之前的唐伯虎，是一路顺风，功成名就，成了人们口中公认的"人生赢家"。

可我们都说人生无常是一个基本的系统设定，不出意外的话，意外就要来了。

二十一岁是唐伯虎人生的分水岭。二十二岁时，他的发小刘秀才去世，在接下来的几年中，他的父母、妻子、儿子、妹妹全部相继离世。一连串的痛击之下，才二十六岁的唐伯虎就已经两鬓斑白。当时他的好友祝枝山看着自己的兄弟如此痛苦，内心不忍，于是就劝唐伯虎去参加科举考试，转移一下注意力，那一年，唐伯虎二十九岁，他参加了三年一次的应天府（江苏南京）乡试，并且考了第一名，再次名震江南。

次年，他信心满满地准备进京参加会试。在他进京参加会试之前，他的第二任妻子何氏为他举办了一个践行宴会，宴会上有一位歌舞伎，给唐伯虎留下了深刻的印象，这名女子叫沈九娘，当她一曲唱完，唐伯虎的内心有些震撼，在青楼中竟然还有如此有才又漂亮的女子。但此时谁也没料到，这个女子，将会是他往后余生中最重要的人。

宴会第二天，唐伯虎启程进京参加科考，途中他认识了徐霞客的老祖宗，一位富家子弟徐经，徐经就带着唐伯虎去拜访了时任礼部右侍郎的程敏政，而程敏政后来又恰好成了那年会试的考官。考试一结束，自信的唐伯虎激动地跑回客栈，到处吹嘘说这次的状元非自己莫属。这一连串的操作，让唐伯虎落人口舌，很多人怀疑他贿赂考官，徇私舞弊。于是，唐伯虎就成了"科考泄题案"的主角，不仅彻底断送了自己的仕途，还成为阶下囚。

弘治十三年（1500年）春天，刚刚从大牢里出来的唐伯虎，知道自己此生仕途无望了。回苏州老家后，他发现不仅街坊邻居对他不像从前那般热情了，连第二任妻子也整天冷言冷语，还经常找借口跟他吵架。

一年前离家赶考时，唐伯虎还是众人追捧的大才子，而如今连家里的童仆都对他爱答不理。唐伯虎觉得自己尴尬难堪，一怒之下，直接将势利眼的妻子给休了。从此，唐伯虎一直流落市井，靠卖画维持生计。

这次科考泄题案还有一个插曲，当时程敏政被迫退休，徐经被终生禁考，此外还有一位大人物躺枪，那就是和唐伯虎同考场参加考试的王阳明。王阳明原本考得很好，但因为整个考试被传泄题，所有考生的成绩都被降级，王阳明也被生生地降级成了二甲。而两人真正的交集还在后面。

──── 03 ────

几年之后，唐伯虎靠卖画攒了一些钱，又找朋友赞助了一点，终于在三十六岁那年，买下北宋名将章粢别墅的遗址，重新修建了一座小院子。他在院子周围种满了桃花，并给自己的房子取了一个很文艺的名字，叫"桃花庵"。他自称"桃花庵主"，自此过起了逍遥自在的小日子。

桃花庵周围景色宜人，唐伯虎又是一个热情好客的人，因此桃花庵就成了他和朋友们聚会的场所。

唐伯虎有一首七言律诗，叫《雨中小集即事》，诗中记录了一次他和朋友们聚会的过程。

烟蓑风笠走舆台，邀取群公赴社来。

蕉叶共听窗下雨，蟹螯分弄手中杯。

能容缓步留夫子，戏谑长眉老辩才。

酒散不妨无月色，夹堤灯火棹船回。

有一天傍晚下着大雨，他让仆人穿着烟蓑雨笠，挨家登门邀请朋友们来家里聚会。这些人中有和尚，有夫子，还有书生。大家到了之后，就坐在一起听雨、品蟹、喝酒、吟诗作画，一直玩到深夜，好不快哉。

从唐伯虎修建桃花庵就可以看出来，他是一个非常爱花的人，他爱花爱到什么程度呢？在唐伯虎的桃花庵中除了桃花，还有各类品种的花。一到春天，他的院子里可以说是满园芬芳，莺歌蝶舞，高朋满座。但是花开总有花落的一天，到了暮春时节，桃花庵里的花都逐渐凋零了，唐伯虎看着这满园的落英缤纷，不禁想起自己的坎坷遭遇，一下怅然不已，竟然忍不住痛哭起来。哭过之后他就让家里的小僮，将地上的花瓣逐一捡起，用一个锦囊装好，并将这些花埋葬在"药栏东畔"。所以这样说来，开启"葬花"先例的就不是林黛玉了，而是唐伯虎。

唐伯虎还写了很多关于落花的诗，当时他的老师兼好友，也是吴门画派的开创者沈周写了三十首《落花诗》，而唐伯虎立刻和了三十首。他在《和沈石田落花诗三十首》其九说：

春尽愁中与病中，花枝遭雨又遭风。
鬓边旧白增新白，树底深红换浅红。
漏刻已随香篆了，钱囊甘为酒杯空。
向来行乐东城畔，青草池塘乱活东。

意思是春天要结束了，自己是又愁又病，就像这院子里的花被风吹又被雨打，看一看发现自己两鬓的白发是越来越多，就像这花一层又一层落在地上。所以花在唐伯虎眼中是有生命的，甚至在某种程度上，花就是他自己。

唐伯虎在桃花庵里最有名的一首诗就是《桃花庵歌》：

桃花坞里桃花庵，桃花庵里桃花仙。
桃花仙人种桃树，又摘桃花换酒钱。
酒醒只来花前坐，酒醉还来花下眠。
半醒半醉日复日，花落花开年复年。
但愿老死花酒间，不愿鞠躬车马前。
车尘马足贵者趣，酒盏花枝贫贱缘。
若将富贵比贫者，一在平地一在天。
若将花酒比车马，他得驱驰我得闲。
别人笑我忒风颠，我笑他人看不穿。
不见五陵豪杰墓，无花无酒锄做田。

在这首诗中，唐伯虎把自己比作桃花仙人，说宁可老死花酒间，也不愿在达官显贵们的车马前阿谀奉承。又说，如果将别人的富贵和我的贫贱来比较，一个在天一个在地。一句"别人笑我忒风颠，我笑他人看不穿"看似理智、清醒，实则悲凉。什么样的人才能看穿人生啊？那一定是经历过命运的大起大落，感受过生活的大喜大悲之后，才会发出这样的感慨。

―――― 04 ――――

唐伯虎擅长画仕女图，题材有宫妓、歌女、丫鬟等，他为什么画那么多侍女？背后的原因很辛酸，晚年的唐伯虎靠卖画为生，他并不在乎自己的画有多高的艺术成就，"卖得多，卖得贵"是他作画的唯一标准，所以当时的市井小民喜欢什么，他就画什么。他的仕女图有着浓重的市井气息，画中的女子要么弱不禁风，楚楚可怜，要么醉意朦胧，眼神惆怅。

唐伯虎点秋香一直是我们津津乐道的故事，在电影《唐伯虎点秋香》当中，风流倜傥的唐伯虎对秋香一见钟情，为博美人芳心，他不惜跑去华府当下人。但真实的历史中，秋香比唐伯虎大了整整二十岁，唐伯虎和秋香之间也没有任何爱情。

秋香本名叫林奴儿，但是她并不是电影中说的那个大户人家的婢女,而是当时南都金陵风月场中的一位名妓。在明代小说集《青泥莲花记》中有记载,名妓秋香在当时很受欢迎,后来她从良嫁人了。有些之前的老主顾想见她,但被她拒绝了,她还在扇子上画了一棵柳树,旁边写了一首诗:"昔日章台舞细腰,任君攀折嫩枝条。如今写入丹青里,不许东风再动摇。"可见,她虽然是个妓女,但也是位才女。

那秋香跟唐伯虎到底有什么关系呢?据《金陵琐事》记载,秋香的画画得很好,而她的老师就是吴门画派的开山鼻祖沈周,沈周也是唐伯虎的老师。所以算起来,秋香是唐伯虎的师姐。那他们之间有没有爱情呢?据考证,秋香生于1450年,唐伯虎十六岁出道时,秋香已经快四十岁,早就从良嫁了人。所以他们甚至都不一定相识。所以,唐伯虎点秋香是戏说。

但是唐伯虎真的爱过一位妓女,还把她娶回了家,这个人就是前文提到的,唐伯虎在科考践行宴上偶遇的沈九娘。初次见面时,虽然唐伯虎对沈九娘印象颇深,但当时的他春风得意,内心都是对美好未来的憧憬,所以沈九娘也不过是过眼浮云。而他再次见到沈九娘,已经是两年之后,正是他人生最暗淡的时刻,家庭、前途、理想全都了无希望。而这个时候,仰慕才子唐伯虎许久的沈九娘又出现了,她陪在他的身边,照顾他、安慰他。

我们常说,春风得意的时候,身边的人都会对你好,而人生低谷时还对你好的人,才是真爱。沈九娘于唐伯虎而言,就是这样一个存在。但是她毕竟是歌伎，当唐伯虎提出要娶她的时候，周围所有人都一致反对，甚至唐伯虎的弟弟还以跟他断绝关系来进行要挟。

经历过大风大浪的唐伯虎此时比谁都清醒，真心难得，无须在意他人的眼光。婚后，他跟沈九娘就住在桃花庵里，两人度过了一段读书作画的幸福小日子。所以后世有一种说法，唐伯虎仕女图中的女性形象，很多都有九娘的神采。

几年后，三十八岁的沈九娘去世了，而那一年唐伯虎也才四十三岁。再次痛失挚爱的他写下一首《扬州道上思念沈九娘》：

相思两地望迢迢，清泪临风落布袍。
杨柳晓烟情绪乱，梨花暮雨梦魂销。
云笼楚馆虚金屋，凤入巫山奏玉箫。
明日河桥重回首，月明千里故人遥。

这首诗字字句句都是伤痛：杨柳、青烟、暮雨，到处都有你的气息，而我却再也见不到你的样子。唐伯虎和沈九娘的爱情，虽然没有"梁祝化蝶"那般凄美，也没有"孟姜女哭长城"那样惊天动地，但在平凡的日子里，他们相濡以沫，爱让他们成为光，照亮了彼此灰暗的人生。

05

唐伯虎在桃花庵里本来已经过上闲适自在的小日子，在沈九娘的陪伴下，他也逐渐从"科考泄题案"的阴影中走了出来，不再对仕途抱有期待。

然而，几年后的一天，宁王朱宸濠派他的专使来到桃花庵，邀请唐伯虎去宁王府做幕僚。宁王朱宸濠是一个什么人呢？他是朱元璋的五世孙，当时他的封国在南昌，但是朱宸濠的野心可不止于此，他一边暗中贿赂当时武宗皇帝身边的宠臣刘瑾和钱宁，一边自己在地方搜刮钱财，私养士兵，蓄意谋反。

但是唐伯虎在接受宁王的聘任时并不知道宁王的狼子野心，他只知道，自己虽然已经绝意仕途十多年了，但这些年，偶尔还是有怀才不遇的感慨，如今自己已接近迟暮之年，眼前的这一封聘书可能是他此生最后一次机会。因此，他欣然接受了宁王的邀请。

唐伯虎刚到南昌宁王府，他英俊的样貌和不凡的谈吐就吸引了府里上上下下的人。我们知道唐伯虎不仅出口成章，在绘画、书法上也造诣极高。所以他一来，就把宁王府之前供养的一众文人墨客给比下去了，整个南昌城都在传，大才子唐伯虎唐解元成了宁王府的座上客。而宁王当然也是非常满意唐伯虎带来的"广告效应"，不仅逢人就称他为"解元公"，还对他非常优待，每次府里只要有重要宴会，宁王都让唐伯虎挨着自己坐，还专门为他修建了一处舒适的住房。

一转眼，五个月过去了，唐伯虎在宁王府的这段时间里，他逐渐发现事有蹊跷。来宁王府之前，他听外面的人说宁王清正廉明、礼贤下士，可是接触一段时间之后，他发现宁王只是在做表面功夫。实际上宁王不仅霸占百姓钱财，还敢擅自逐杀地方官吏。更重要的是，他还发现宁王在各地招兵买马，宁王府里有人在偷偷造兵器，还经常有亡命之徒出入。

唐伯虎深思熟虑之后，得出的结论把他自己都吓到了，宁王这是起了谋逆造反之心啊！他马上意识到若有朝一日，宁王造反，成与不成都会给自己招来杀身大祸。可问题是，自己已经上了贼船，若此时退出，估计宁王也不会放过自己。

唐伯虎再三思考，想出了一个"苦肉计"，那就是装疯卖傻逃离宁王府。从那天起，他整日都把自己灌得醉醺醺的，还故意披头散发、衣不遮体地跑到街上大喊大叫，让大家都觉得他疯了。但宁王也是个城府很深的人，当时别人都说唐伯虎疯了，但他还是不信。

有一次，宁王为了一探究竟，派人以自己的名义突袭给唐伯虎送去礼物，结果送礼的人一到门口，就看见唐伯虎光着身子蹲在地上，嘴里骂骂咧咧。这下宁王是真的相信唐伯虎疯了。既然曾经的大才子对自己已经没用了，那就给他一笔路费，让他从哪儿来的回哪儿去吧。唐伯虎这才得以脱身。

果不其然，四年后宁王起兵十万发动了叛变，只是令他没想到的是，他遇到了一个大克星——王阳明。当得知宁王造反的时候，四十八岁的王阳明正奉朝廷之命前往福建平定叛乱。

此时宁王叛军将近十万，而王阳明的军队规模连宁王的三分之一都不到，所以他立刻赶到吉安招兵买马。但即便这样也来不及了，于是王阳明想了个办法，在南昌到处宣传说朝廷派来的军队和自己的军队即将汇合，一共十六万人准备进攻宁王的老巢南昌。王阳明还怕老奸巨猾的宁王不信，假造了几封宁王手下的书信，让宁王对自己的亲信起了疑心，宁王不顾手下谋士的劝说，决定先驻守南昌，结果贻误了战机。

等宁王反应过来自己中计的时候，已经是半月之后，此时王阳明的军队基本集结完毕，就这样王阳明用临时组的"草台班子"以少胜多，用一场心理战打败了宁王，前后不过四十二天。

王阳明半生戎马，临危受命平定叛乱，活捉宁王，然后半生讲学，将心学发扬光大，文和武这两件事，他都做成了。

―― 06 ――

唐伯虎虽然于未发之时察觉到了危险，并通过"装疯"的方式，逃离了险境，最终让自己免祸于"朱宸濠之变"，但他内心却再一次受到了巨大伤害。一位从小被所有人看好的才子，也付出了诸多努力，但命运好像从未垂青于他，这种个人对人生的无力感，才是让唐伯虎感到绝望的原因。所以他那句"别人笑我忒风颠，我笑他人看不穿"，表达的是疯癫背后深刻的伤痛。

唐伯虎晚年给自己取了一个别号，叫"六如居士"。"六如"来自《金刚经》的那句："一切有为法，如梦、幻、泡、影，如露亦如电，应作如是观。"所以"六如"也叫"六喻"，比喻人生如梦，世事空幻无常。

五十四岁的时候，唐伯虎在孤苦中郁郁而终。他临终写下了一首绝笔诗：

> 生在阳间有散场，死归地府也何妨。
> 阳间地府俱相似，只当漂流在异乡。

其实这首诗也是唐伯虎对自己飘零命运的无奈悲叹。他的一生，想入仕又难入仕，想超脱又难超脱，都说哀莫大于心死，可他却说，哀莫大于心不死。当失意、痛苦、贫穷、孤独全都朝他涌来的时候，造就的是一个在艺术上常人无法企及的唐伯虎。

王阳明：知行合一的智慧

从少年立志，到中年龙场悟道，
再到晚年建立功业，开创心学，
他一生都没有改变过志向，
那就是：做圣贤。

01

大家有没有过这样的困扰,我们明明懂得很多道理,却依然很难过好这一生?身在家庭或职场中的我们,在这个快速变化的世界里,经常是"晚上想想千条路,早上醒来走原路"。到底是什么原因,让很多人成为语言上的"巨人",行动上的"矮子"呢?为什么我们很多时候知道却做不到呢?

明代心学大师王阳明所倡导的"知行合一"的智慧,或许可以给我们提供一些启发。

关于知行合一,王阳明曾说:"知是行的主意,行是知的功夫。知是行之始,行是知之成。若会得时,只说一个知,已自有行在;只说一个行,已自有知在。"

他将知与行的关系作了解释,从字面上理解,就是:知中有行,行中有知,知是行动的开始,行是知的成果。那么,为什么强调"知行合一"的王阳明,在这里也把知和行分开来说了呢?

王阳明解释说:"古人所以既说一个'知',又说一个'行'者,只为世间有一种人,懵懵懂懂的任意去做,全不解思惟省察,也只是个冥行妄作,所以必说个'知',方才行得是。又有一种人,茫茫荡荡悬空去思索,全不肯着实躬行,也只是个揣摸影响,所以必说一个'行',方才知得真。此是古人不得已补偏救弊的说话,若见得这个意时,即一言而足。"

这段话的意思很好理解,王阳明在这里举例了两种人。一种只管懵懵懂懂去做,不会反省自己,最后行动力越好,反而离目标越远,成了一种"冥行妄作",那对于这类人,我们一定要跟他们强调"知"的重要性才行。而第二种人,只管空想,完全不去付出实际行动,那跟这种人,就必须强调"行"的重要性。所以,单独强调"知"或者"行",都是为了"补偏就弊"。

所以王阳明又接着说:"今人却就将知行分作两件去做,以为必先知了,然后能行。我如今且去讲习讨论做知的功夫,待知得真了,方去做行的工夫。故遂终身不行,亦遂终身不知。"

所以,王阳明认为终身不行的人,也终身不知,反过来也一样。因此"知行"是不能分开的,"知"和"行"是一件事情。

我们反观自身,是不是在很多时候,也是将知和行当成了两件事呢?这就是知行不合一啊。所以王阳明说:"此不是小病痛,其来已非一日矣。某今说个知行合一,正是对病的药,又不是某凿空杜撰。知行本体原是如此。"

从这里可以看出,王阳明的"知行合一",真正强调的是知行"只是一个",他之所以要把"知行"分开来解释说明,也是不得已而为之，只是因为我们大部分人，太容易知行歧出，分别心太重，"合"起来着实不易。

既然"知行"说的是一件事情，为什么还要用两个字来表达呢？它们之间有没有区别呢？用王阳明自己的话说就是："知之真切笃实处便是行，行之明觉精察处便是知。"所以具体来说，"知行"就是我们对某件事情下功夫这一过程的不同方面。未行的知是闻见之知、意见之知，这不是真知。为什么这么说呢？因为我们没有亲身体验，那么，这个所谓的"知"，并没有落实到我们的心意里，没有体验去内化它，它就不属于我们，而恰好，"体验内化"本身就是一个"知行合一"的过程。

我身边的朋友曾经和我抱怨，说她过得很矛盾，每天都因为得失问题焦虑不安，比如她很想提升自己的学历，打算去考研究生，但是一想到考研需要复习，而平时工作繁忙，她就开始犹豫了，到底是花时间复习，还是花时间认真工作呢？她反反复复拿不定主意，最后把自己搞得焦头烂额。我们很多人在生活中都会面临一些这样两难的选择，大到前途规划，小到午饭吃什么，我们好像永远都活在一种"矛盾"与"碍"的状态中，总是顾此失彼，患得患失。

对于这些情况，王阳明的"知行合一"，就像是一剂良药，如果我们将知和行当成一件事，少一些空想，先去实践躬行，在实践中完善、提高自己的认知，我们就不会有那么多"得失"的困扰了。俗话说得好:"你只能算计到你能算计的,你永远算计不到你算计不到的。"大概意思就是,我们不要划分彼此,不要算计得失,把"知"和"行"打通为一,在事上磨炼,用事实去说话,真正做到"知行合一",只有这样,我们的内心才是通达、顺畅、没有阻碍的,这样一来,还怕不能从容面对生活吗?

王阳明"知行合一"的学说可谓是"操作简单,意义深远"。有一次,他的学生问王阳明:"大家都知道应该孝敬父亲、尊敬兄长,可是却做不到,这充分表明知和行是两件事。而且'知行歧出'不是自古而然的文人病吗?"王阳明是怎么回答的呢?他说:"出现这种情况,是因为我们被私欲隔断成两橛了,这正是我们应该克服的毛病,去掉私欲才能恢复本体。知而不行,只是未知。如果真的做到行孝行悌,才能说他知孝知悌啊。那如果一个人只说些孝悌的现成话,这又怎么能算他知孝悌呢?这可不是小病痛,是要命的大毛病!像这样'言行不一'的奸巧小人屡见不鲜,所以社会才会士风堕落,根源就在于这种伪诈不实的风气。"

所以,王阳明呼吁"知行合一",很大程度就是为了对治这种由来已久的"流行病"。他对学生们讲:"我今日说知行合一,正要人晓得一念发动处,便是知,也便是行了。"他怕学生理解不了,还举了个生动的例子:"你之所以知道饥饿,那一定是你自己真的体会到饥饿了,你知道什么是寒冷,一定是你自己真正体会到了寒冷。"

王阳明甚至还把"行"具体到一个念头,比如我们很多人在生活中,多多少少动过一些不好、不善的念头,有人觉得这只是一瞬间的想法,又没有真的去做,因此毫不在意。但是王阳明说,动念就已经是"行"了,所以,真正的"知行合一",还需要克制内心不善的念头的萌生,要将我们心里所想的,和我们所做的,统一起来。

王阳明在这里用了一个通俗的比方,说出了"知行合一"的要害。归根结底,我们要在自己身上做功夫,冷暖自知,不要欺骗自己的内心。只有做到了对自己诚实,努力完善自己,才能离知行合一越来越近。具体到日常生活中,我们要想落实好"知行合一",就要从小事做起,从身边的事情做起,多听从自己的内心和直觉,觉知到了就去实行,这也是"知行合一"的关键。

王阳明所倡导"知行合一"不仅是一种理念,更是我们每个人都需要去躬行的修身功夫,它是一门关于实践的智慧学,需要我们在不断的自我省察中,在道德和生活实践中,在具体事务中,来磨炼自己的内心。"知行合一"不是在空谈心性、心灵,更不是玄学,它就是一种很朴实的实践智慧,最核心的一点就是强调"先行动起来"。

其实有不少人什么都知道,但就是行动力差,有想法却没有付诸实践,到头来一事无成。其实这里的核心问题,出在认知上,尤其是"知"。针对这个问题,王阳明的"知而不行,只是未知",意思就是知道而不行动,不是真知道,真的知道必会真的行动,求知本身就是一种"行"。比如我们通过各种渠道和方式学习，本身就是一种提升我们认知的行动。真正的知，必然会导向真正的行，而真行也必然含有真知，它们本身是合一的。

所以，"知行合一"说起来不复杂，切实做到却很难。王阳明自己是如何践行这种"知行合一"的智慧的呢？

—— 02 ——

王阳明一生的经历堪比传奇小说，他五岁才学会开口讲话，大家都以为他是个"痴儿"，没想到后来却能官至四品；三十五岁时被贬到贵州龙场，差点命丧荒野；四十八岁时又带领一个"草台班子"战胜了宁王朱宸濠的十万精兵。

作为一位大儒，一位"立功立德立言"的三不朽"圣人"，王阳明是如何一步步走上这条"圣人"之路的呢？我来分享他的三个故事。

第一个故事是"立志"。王阳明十二岁的时候，有一天，他突发奇想，问了私塾老师一个问题："何为第一等事？"老师回答他："读书登第。"在他的老师看来，只有认真读书，参加科举考试，然后中举当官，才是天下第一等要事。小小年纪的王阳明听了，却不以为然，他反驳老师说："恐未是，当读书做圣人耳。"意思是，恐怕不是吧老师，读书做圣贤，才是天下第一等事。这是王阳明少年时期"立志"的故事。这个故事非常简单，我们小时候应该也都写过一篇题为"我的理想"的作文，在我小时候，标准答案就是"我的理想是当一名科学家"。但不管小时候的理想是什么，很多人长大之后，往往都会背弃年少时候的志向。而王阳明在"立志"这件事上，却做到了知行合一。从少年立志，到中年龙场悟道，再到晚年建立功业、讲学，开创出自己的心学，他一生都没有改变过志向，那就是：做圣贤。最终，他也的确成为我国历史上少有的"圣人"。

王阳明在立志这件事上，一生都在践行"知行合一"。他不仅自己亲身实践，在人生的不同阶段，坚守初心，坚持自己年少时候的志向，在他晚年写给弟弟、侄子等人的多封家书中，他也不断地强调"立志"的重要性。在教导弟子的时候，王阳明也把"立志"摆在非常重要的位置，并告诉弟子和晚辈们说："志不立，天下无可成之事！"在王阳明看来，"立志"是一个人成长、成事的关键。有志向才会有行动和前进的方向。

—— 03 ——

第二个故事，就是王阳明非常出名的"格竹子"的故事。"格"

这个字通俗来说就是"研究"的意思。儒家讲"格物致知"的"格"，就是通过研究一个东西的物理和物性，来探究它背后的规律与真理。而"格物"正是一种儒家的修行功夫，在《大学》里曾讲到过"格物致知""正心诚意""修身齐家治国平天下"等，意思就是要想成圣人，要想治国平天下，都得从格物做起，这也是儒家最基础、最入门的修行功夫。

那王阳明为什么会想要去"格"竹子呢？把王阳明引到"格物"这条路的，是另一位大儒，叫朱熹。年轻时候的王阳明"遍求考亭遗书读之"，考亭先生就是朱熹。朱熹的书，在当时是最权威的儒家经典，王阳明也很信奉朱熹的学说，把他的书都读了一遍。有一天，王阳明突然想起朱熹曾说："格，至也。物，犹事也。穷至事物之理，欲其极处无不到也。"意思是，这天下万物都蕴含着天道至理，只有格物才能明白其中的道理。于是，王阳明就决定按照朱熹的办法，通过"格物"以求"致知"。

这世界上那么多"物"，王阳明为什么偏偏选了竹子呢？这是因为王阳明的爷爷王伦，特别喜欢种竹子，在他家的院墙内外，但凡有土的地方，都种满了竹子，王伦也因此被称为"竹轩翁"。放眼整个小院，遍地都有竹子——"格"竹子最方便。所以，王阳明就邀请小伙伴和他一起展开了这场"格竹子"实验。一开始，他俩都盘着腿，恭恭敬敬地坐在院子里，目不转睛地盯着竹子看，就这样，两个人不吃不喝地"格"了三天，三天后，小伙伴坚持不住了，哭着喊着要退出。而王阳明则坚持了七天七夜，直到他两眼一抹黑，栽倒下去，这件事情才算结束。

不过，这场"格竹子"实验并没有让王阳明有什么特别的收获，他也没有发现什么竹子所隐藏的万物之理，更别说获得顿悟，反倒是把他自己累病了。很多人说，王阳明是因为年轻时候"格竹子"失败了，才对朱熹学说产生了质疑，从而慢慢发展了自己的心学。

其实，我们不能用简单的成败来评价"阳明格竹"这件事，"格竹"只是他探索儒家思想，去发现万物真理的一个过程。王阳明做"格竹子"这件事，其实就是在践行知行合一。他希望通过研究竹子的物性，去发现万物的道理。通过"格竹"这一行动，来求得真知。

王阳明晚年的时候，对于自己年轻时傻乎乎的"格竹"实验还是很自豪的，他对那些弟子说："你们天天讲实修，又有谁肯像我当年'格竹子'那样去下苦功夫？"所以，我们如果孤立地看王阳明"格竹子"这件事，确实没有成功，但是如果从王阳明的一生来看，这件事情却是王阳明践行知行合一的一次实践，是一种探索，一个在行动中求真知的过程。

——— 04 ———

王阳明践行"知行合一"理念的第三个标志事件就是：龙场

悟道。王阳明三十五岁的时候，遇到了人生的至暗时刻。

明武宗正德元年（1506年），十六岁的武宗皇帝朱厚照刚刚即位不久。这位小皇帝生性贪玩，不理政事。当时，明武宗的父亲明孝宗朱祐樘，看准了自己儿子贪玩的性格，担心他不学无术，还特地嘱托身边三位得力干将，等朱厚照登基之后，辅佐他治理国家。

虽然有大臣辅佐，但是朱厚照很小的时候就喜欢和身边八个宦官待在一起，这几个人结成"八虎"，经常怂恿这位小太子在宫里莺歌燕舞，喝酒寻欢。明武宗在继位之后，依然延续着昏庸懒惰的习惯，他无心朝政，将朝廷大事都交给刘瑾来处理。刘瑾就是"八虎"之一，深得明武宗的信任，他生性狡猾，仗着皇帝的宠爱，专权乱政，把整个朝堂都搞得乌烟瘴气。

有一年冬天，南京户科给事戴铣、四川道御史薄彦徽等人实在忍无可忍，愤然上书劝谏明武宗，弹劾宦官刘瑾横行霸道，只手遮天。结果把刘瑾惹怒了，直接下令把戴铣、薄彦徽等在内的共三十位官吏全部逮捕入狱。当时任兵部主事的王阳明听到这个消息，义愤填膺，他立刻上书仗义执言，没想到明武宗皇帝根本不看奏折，他把政务全权交给刘瑾，可想而知，刘瑾看到这封弹劾他的奏折会有多愤恨。于是，刘瑾把王阳明抓进了牢狱，这还不足以解气，他又命人痛打王阳明三十大板，然后把他贬到千里之外的贵州龙场驿站去当驿丞，相当于直接降职成乡镇招待所所长。

当时的贵州龙场是一个环境极其恶劣、极其偏僻、荒凉的地方，王阳明翻山越岭，历经九死一生才到任。但龙场的环境比他预想的还要糟糕，气候潮湿，瘟疫横行，山林里经常有毒蛇、猛兽出没，当地的百姓不仅目不识丁，还经常食不果腹。王阳明打听了一下，之前被发配到龙场的人，几乎都没能活着回去，可以说，王阳明这一次算是走到了绝境。

但王阳明的厉害之处就在于，即使自己的处境已经跌到了谷底，他依然知行合一，坚持给当地人讲学，继续研究学问，一心求道。一段时间之后，王阳明耐不住龙场的怪气候，生了一场重病，他躺在自己搭的小茅屋里，看着满地的荆棘和毒虫，感受到了死亡的逼近。

王阳明究竟怕不怕死？他当然怕，他也是普通人，更何况，此时的他才三十六岁，还有很多未完成的事业和未实现的雄心。就在自己走到生死边缘的时候，王阳明意识到了一个问题，无论生死，都是自己无法掌控的事，如果一直纠结会不会死这个问题，不但改变不了结局，还会给自己徒增烦恼，所以，从那天起，王阳明每天在山洞的石床上打坐、思考，希望自己可以将"生死"这件事放下。

终于有一天，王阳明在静坐中，慢慢进入了一种半梦半醒的临界状态，按照王阳明徒弟的记载，"寤寐中若有人语之者"，好像睡觉时，有人突然告诉了他"格物致知"的要领。王阳明忽然从石床上坐起来，开始欢呼雀跃，这一举动把旁边的人都吓坏了，还以为王阳明精神失常了，等到他平复了心情，便缓缓说道："始知圣人之道，吾性自足，向之求理于事物者，误也。"什么意思呢？就是说这"成圣"的道理，其实就在我们心中，向外物寻求事物道理的方法是错的，从根本上就大错特错。也就是从那天起，王阳明开悟了。

王阳明所谓的"圣人之道，吾性自足"，正是他悟道的核心要领，"那些成圣的道理，在我的本性里早已经有了，我们不应该向外求，而是应当回到本心，向内求真知"。比如王阳明自问，圣人到了这种生死绝地，又该如何自洽呢？想到这里，他顿时就与圣贤们心心相印了。

这就是王阳明"龙场悟道"的大致过程，在经历生死大考之后，王阳明放下了以往所看重和背负的一切，将自己的私心杂念都过滤干净，这也让他最终获得了心灵的自由和灵魂的解放。

龙场悟道的故事告诉我们，真正的知行合一，往往是要付出巨大代价的。王阳明的这场大悟，可谓是用身心性命换来的，是他坚持"知行合一"的一个结果。明明知道是飞蛾扑火，他还是决定坚持正义和公理，给一个懒政怠政的皇帝上书谏言，结果给自己招来了巨大的灾祸：挨板子、下监狱、流放千里之外，差点丢了性命。这便是王阳明为知行合一付出的代价。但同时，我们应当看到的是，在大是大非面前，王阳明坚持了他的正义和理念，也付诸了行动，并且无怨无悔，这正是他践行"知行合一"最可贵的地方。

05

王阳明身处绝境，却"向死而生"，实现了绝地反弹。而对于我们普通人来说，我们的一生或许没有那么传奇，也不会遇到那么多的大起大落，但我们同样可以从自己的生活中，从身边的小事中，修炼"知行合一"的功夫。

我国近代哲学家贺麟先生，曾经把"知行合一"分为三个层次，分别是：自然的知行合一、价值的知行合一和直觉的知行合一。什么意思呢？举个例子，我们平常饿的时候会干什么呢？肯定是吃饭，这是合乎自然的，属于自然的知行合一。而如果有人说，给我们费用，让我们替他考试，替他写作业，我们第一反应肯定是拒绝，因为我们心中的道德律令不允许我们这样做，在我们面对诱惑和利益的时候，做到坚持正义，这就是价值的知行合一。而贺麟先生说，最高级的知行合一，是直觉的知行合一，凡事不用刻意思索，总能恰到好处地自洽，也可以理解为，我们将自己的言行内化成一种潜意识。这种直觉上的知行合一极具创造力，很多作家、画家长年累月地苦练技法，其实就是要培养自己直觉的知行合一，把他们心中的"知"用作品来具象化，这是"知行合一"的创造过程。

我们在日常生活中，要想体验知行合一的智慧，就可以从坚持自然的知行合一开始，也就是，吃饭就好好吃饭，不要在吃饭的时候胡思乱想，妄念纷飞，心急火燎。睡觉的时候，就好好睡觉，不要在闭上眼睛之后，脑子高速运转，心神不宁，思虑万千。所以，"知行合一"落实到我们日常生活中，最简单的就是，吃好每一顿饭，睡好每一个觉，有滋有味地喝每一杯茶。无论我们当下在做什么，只专注于当下，一心一意做好当下，而不是一心多用，知行分离。

如果我们在身体上、生活上能够做到"自然的知行合一"，那么，在面临大是大非或者人生的重大抉择时，我们同样可以以"知行合一"的态度，诚心正意地面对和解决它们，追求"价值的和直觉的知行合一"，从而让自己成为一名具有行动力的智者，成为解决问题的高手，成为"身心合一、圆融通达"的有识之士。这也正是我们学习王阳明"知行合一"智慧的最终目的。

汤显祖：
情不知所起，一往而深

相比他笔下的传奇故事，
汤显祖自身的经历或许稍显苍白，
但他却为世人描画出
一个奇幻、氤氲、理想的爱情彼岸。

―― 01 ――

公元1550年，汤显祖出生在江西临川的一户书香门第。他祖上四代都出过满腹经纶的学者，他的祖父汤懋昭，博览群书、善诗文，被学者推为"词坛名将"，父亲汤尚贤是明嘉靖年间著名的老庄学者和藏书家，母亲也自幼熟读诗书。

汤显祖的名字，是他的祖父汤懋昭取的，他出生的那一年，祖父正好七十岁。汤懋昭虽然博古通今，却是一个考运很差的儒生，逢考必败，后来他写下一副对联："金马玉堂，富贵输他千百倍。藤床竹几，清凉让我两三分。"从此再也没有参加过科考，回乡下过起了"闲云野鹤"的自在日子。汤懋昭虽然表面归隐，但他内心对科考是抱有遗憾的，所以他给自己的孙子取名"显祖"，意义也很直白，就是希望他光宗耀祖。

汤显祖也没有辜负祖父辈的期望，天资聪颖的他，勤奋好学，五岁刚进私塾的时候，汤显祖就已经能做到过目不忘，还特别擅长对对联，别人出上联，他马上就能对出工整切韵的下联。十二岁的汤显祖，在诗文上表现出极大的天赋，已经到了出口成章的水平。十四岁的他参加童试之后，进入了县学，二十一岁就中了举人。读书对于汤显祖来说，似乎并不是什么难事。

汤家以诗书传家，家里藏书很多。有一次，汤显祖偶然翻开了一部家里珍藏的戏本，读得津津有味，连饭都忘了吃。祖父和父亲发现汤显祖在这方面的兴趣，不仅没有斥责他不务正业，反而把他们自己大半辈子对戏曲的研究，传授给了汤显祖。

──── 02 ────

二十一岁之后，汤显祖的科考路就变得坎坷了，他连续考了四次进士，连续落榜了四次。前两次落榜是因为汤显祖写的文章不对考官的胃口，但后两次落榜却是因为时运不济。

万历五年（1577年），二十八岁的汤显祖第三次踏入科考考场，没想到这一年宰相张居正的二儿子张嗣修也参加了科举考试，而且还和汤显祖分在一个考场。张居正知道自己儿子资质平平，也知道已经小有名气的汤显祖才华出众。于是在考前，张居正就以"前三名"作为条件，想让汤显祖在考场上帮自己儿子作弊，汤显祖想都没想就拒绝了，一句"吾不敢从处女子失身也"让张居正无地自容。结果我们可想而知，他因为拒绝了宰相的请求，被落榜了。

其实当时和汤显祖一起被张居正选中的，还有一个名叫沈懋学的才子。沈懋学的态度跟汤显祖完全相反,他二话不说,当场答应了张居正的要求,所以那次考试,沈懋学状元及第,而张嗣修也高中榜眼。

故事到这里还没有结束,三年后,汤显祖再次报名会试,又碰上了张居正的三儿子张懋修,张居正又"请"汤显祖帮助他的三儿子,汤显祖明知拒绝的后果,但还是坚持自己的原则,没有答应,于是,汤显祖又一次落榜,含恨而归。

可能有人会觉得汤显祖太木讷,在"吃过亏",明知后果的情况下,仍不会迂回之道。但正是汤显祖这种所谓的"愚",才让我们看到他人格的闪光之处,也才有后来的"临川四梦"。

对大多数人而言,在巨大的利益面前,能够守住本心并不是一件容易的事,所以汤显祖这种超凡脱俗的心力,是他人性中的亮点,也正因为这些美好品质,让汤显祖始终保持着一个纯净明朗的精神世界,也让他所讲述的爱情故事饱含诚挚,令人热泪盈眶。

──── 03 ────

万历十年(1582年),张居正病逝,汤显祖科考路上的"拦路虎"终于消失了。作为五战选手的他,抓住机会,冒着大雪从杭州进京赶考，这一次终于上榜了，他获得了礼部会试第六十五名，殿试第三甲第二百一十一名，赐进士出身。

虽然成绩一般，但汤显祖却极其兴奋，他写信给亲朋好友分享自己的喜悦，但他没有想到，殿试后还有一件麻烦事。

万历年间的考生，殿试通过后还有一试，叫馆选，就是在考官推荐的进士中，再选拔一轮，文学、书法位列上等的，可以进入翰林院做"庶吉士"，负责在皇帝身边讲经、起草诏书，如果做得好，有机会晋升到内阁辅臣的位置。所以这个职位，是众多考生挤破头想冲上去的独木桥。汤显祖身负光耀门楣的家族重任，也不例外地想抓住这一机会。那次负责馆选的大学士叫申时行，他十分欣赏汤显祖的才学，所以考前，申时行派弟子多次暗示汤显祖，只要他站到自己的"队伍"里，就能让他去翰林院供职。但是汤显祖一身正气，这种亏他已经吃过两次了，再来一次也无所谓，所以他又一次拒绝站队，最终又落选了。

其实申时行在历史上也并非奸邪之辈，尤其是后来他做首辅后，外圆内方，算得上一个开明的好官，只能说人在江湖，官场也有官场的规则，汤显祖不懂权宜之计和临机应变，太过直截了当，仕途受阻在所难免。

04

在京城不受重用的汤显祖被分派去了留都南京，任闲职太常寺博士。当时朝廷在南京的一把手，是大文豪兼大政治家王世贞，地位无比显赫，别人对他趋之若鹜。但汤显祖一到南京就先发了一个"朋友圈"："无与北地诸君接逐之意，北地诸君亦何足接逐也。"我们可以看出，汤显祖更适合搞文艺，不太适合当官。这是汤显祖在仕途上的无奈，但也是他在文艺创作上难能可贵的真挚。

在南京上任太常寺博士后的汤显祖，工作清闲，所以他每天就骑着驴在南京城闲逛。古人没有相机可以拍照，他们看到美景，会作画的作画，会写诗的写诗，汤显祖就是写诗的那一类，而且写了不少诗，篇篇都引得坊间无数名流传抄摹写。汤显祖当时还经常去道观读书，读到深奥处，就和道观里的道士潜心探讨，一来二去，汤显祖和几个有悟性的小道士也成了好朋友。

除此之外，汤显祖就是听戏看戏，并且开始写戏本子。在南京任职的第二年，汤显祖遇到一个晋升的机会，前临川知县、现任京城吏部文选郎的司汝霖，跟汤显祖关系不错，他写信给汤显祖，让他跟领导搞好关系，他会从中帮忙协调，或许能帮汤显祖调到京城任职。但汤显祖根本不领情。五年后，他还因为不满当时朝廷里一批重臣，如申时行、杨文举和胡汝宁等的腐败行为，写了一篇《论辅臣科臣疏》递给了朝廷，言辞激烈，甚至对万历二十年间的政事一一做了评价,明神宗皇帝看完之后,勃然大怒,立刻下旨把汤显祖流放到雷州半岛的徐闻县做典史。

我们可以看出,汤显祖在官场上的确有点草率,也非常天真,一个地方小官吏挑战一批朝中大臣,其实结局根本没有悬念的。因为这件事情,汤显祖也收获了一个忤逆的罪名。

两年后,四十四岁的汤显祖被赦免,去了浙江遂昌县任知县,别人考中进士起步就是知县级别,甚至处级干部,而汤显祖做到知县用了十年。遂昌是一个人口稀少的山区穷县,民生凋敝,山间盗贼猖狂,当地人连基本的温饱都成问题,大家戏称为"斗大县"。但这也是汤显祖做官以来第一次担任一个地方的行政长官,可以放手去治理一个县,也算是实现了平生的抱负。所以汤显祖一上任,干劲十足,劝农桑、修书院、减刑罚、建射堂,一套政策搞下来,遂昌确实改头换面。

汤显祖还亲自到百姓当中做表率。每年春忙时节,汤显祖跟当地农夫一起,在田埂上忙碌。当时遂昌的郊外山林里,不定时有老虎出没,汤显祖就选拔了一队壮丁,自己做领队,到山上去打虎,先后杀了十七只猛虎,为遂昌百姓解除了心头大患。

汤显祖还极其重视教育,在遂昌建了一座藏书楼,叫"尊经阁",后来又加建了"聚德堂",这还是我国历史上第一个公立图书馆。汤显祖还在当地讲学,让读书尚学一度成为遂昌的时尚风气。

别看汤显祖出身书香世家,但是他既能吃苦耕种劳作,又有勇气上山打虎。然而，这都不是最狠的，汤显祖在遂昌任上做出的最惊人的事，就是在除夕夜放囚犯回家过年，元宵节又让他们上街看灯，好在三天后，这些囚犯全部自行归队，回到监狱，不过这个举动确实有点惊世骇俗。做出这样的决定，当然不是因为汤显祖觉得自己有些政绩就飘飘然了，相反他是一个温情的人，经常设身处地地站到百姓的角度替百姓着想，坚持实施宽简政策，所以遂昌也逐渐成为民生安定、民风淳朴的"桃花源"，百姓们感恩汤显祖，纷纷尊称汤显祖为"仙令"。

只可惜好景不长，万历二十六年（1598年），朝廷税赋严苛，派官员来遂昌大肆征税，百姓们怨声载道，身为知县的汤显祖自然无法反抗朝廷势力，他愤慨失望，无奈之下，选择递交辞呈，没等审批的流程结束就回临川老家了。

在遂昌的六年，虽然百姓拥戴他，但不屑参与官场游戏的他，最终得到的却是上级的排挤，地方黑恶势力的反对。那些年，他的女儿、儿子也先后夭折，所以汤显祖内心是苦闷的。三年后，吏部以"浮躁"为由，给汤显祖在朝廷除名，自此，他的仕宦之路彻底被断绝了。

汤显祖的人生其实也是两个极端，他的才华让他成为闪闪发光的金子，但他死扛到底的性格，在官场就让他成了一块坚硬的石头而不被重用。

被除名的他，回了临川，从此潜心钻研佛学，专注戏剧创作，还自号"茧翁",称自己是"偏州浪士,盛世遗民"。

―― 05 ――

汤显祖在文艺上最高的成就是戏曲,比如他的"临川四梦":《紫钗记》《牡丹亭》《邯郸记》《南柯记》。这四部戏有一个共同点,都围绕梦境展开,而且都以"爱情"为主题。其中传诵最广的当属《牡丹亭》,这也是汤显祖自己最满意的作品,与他同时代的沈德符曾说:"汤义仍《牡丹亭》梦一出,家传户诵,几令《西厢》减价。"

《牡丹亭》讲述的是少女杜丽娘因梦中偶遇良缘,与书生柳梦梅在梦里相知相爱,醒来后却发现根本没有这个人,伤情而亡,化为游魂之后又偶遇梦中的爱人,最终起死回生,杜丽娘和柳梦梅,有情人终成眷属的传奇故事。

《牡丹亭》一经传出,当时的少男少女们争相传阅,除了憧憬杜丽娘和柳梦梅之间如梦似幻的珍贵爱情,这部戏受到广泛喜爱的更重要的原因是,大家被故事中闪烁着的自由思想的光辉所打动。女主人公杜丽娘生于深闺,从小家教很严,但她内心却始终保留着一颗追求美好爱情的真心。这种冲破封建礼教、向往精神自由的女性意识,在封建社会中是极其难能可贵的。故事中,杜丽娘即使身死,但魂不灭,仍旧在找寻着自己向往的爱情,正如《牡丹亭》中所说：

> 情不知所起，一往而深，生者可以死，死可以生。生而不可与死，死而不可复生者，皆非情之至也。

在汤显祖看来，世间万物，唯有"情"是最真、最美的，"情"的力量可以超越时间，可以跨越生死，可以消弭一切隔阂。这也是汤显祖提出的一个重要理念——"至情说"。这一理念也影响了后世许多戏曲作者。

而对于汤显祖本人来说，虽然这些故事和人都不是在写他自己，但一言一语都出自肺腑，他常常化身剧中人物，感动于剧中人生命的舒展。比如创作《牡丹亭》的时候，写到情深之处，他自己往往涕泪纵横，感慨万千。汤显祖也将自己的人生感悟和世间见闻铺设其中，比如佛道两家超生死的哲学观念，就在杜丽娘的起死回生中有所体现。此外，汤显祖受到他的恩师李贽的影响，常常会在作品中揭露腐败的政治，批驳压抑人性的程朱理学。汤显祖的作品，推崇的是个性解放，这也是他作品的独到与划时代之处。

相比他笔下的那些传奇故事，汤显祖自身的经历或许稍显苍白，少年成名，中年流放，晚年归隐，若不追究其中细节，这与古代万千读书人的命运仿佛如出一辙，但汤显祖却在这些看似无奇的经历中，发现了世间最动人的"情"，他用自己纯善净澈的灵魂，建构了一个瑰丽浪漫的情感世界，让他一次次妙笔生花，撰写出一部又一部美好而深刻的戏剧故事，为世人描画出一个奇幻、氤氲、理想的爱情彼岸。

时至今日，汤显祖在戏曲史上的地位仍旧不可撼动，他的"至情"世界，仍旧春秋同盛，日月同辉！

蒲松龄：三生有幸落孙山

现实中，很难有完美的事，
更难有尽善尽美的人，
但他仍愿意怀抱真诚的期待，
在如真似幻的精神世界中
上演超脱世俗的美好。

―――― 01 ――――

  一提到蒲松龄，我们就会下意识地想到《聊斋志异》。几百年来《聊斋志异》被改编成戏曲、电影、电视剧等。一个人一部传世巨著，就等于拥有了永恒的"生命"，蒲松龄因为写了《聊斋志异》，他的名字几百年来一直没有离开过我们的生活。他到底是一个怎样的人呢？

  康熙二十六年（1687年），济南乡试结束，考生们陆续离场，一个衣衫褴褛、面红耳赤的人，垂头丧气地走出考场，这个人已经四十八岁了，这是他第七次还是第八次参加乡试，他自己也记不清楚了，但就是这样一位经验丰富的"老手"，本以为这一次势在必得，结果写答卷的时候多翻了一页，导致卷子中间有一页空白纸，在当时规矩森严的清朝科考考场上，这种行为叫作"越幅"，被视为作弊的一种方式。所以这位倒霉的考生，就因此被免去了这次乡试考试的成绩，这个人就是蒲松龄。

  自那以后，蒲松龄经常梦见自己在考试，连翻两页答卷，然后每次梦做到这里就戛然而止，因为蒲松龄惊醒了，之后辗转反侧，再难入睡。可见，这次考试失利给他留下的心理阴影之大。

明崇祯十三年（1640年），蒲松龄出生于山东淄川的蒲家庄，蒲家庄虽然是个山清水秀的好地方，但是经济并不发达，当地百姓普遍生活困苦，蒲家也是一贫如洗。蒲松龄的父亲叫蒲槃，蒲槃从小就醉心于科举，然而屡试不中。考场不得志的他，眼看着家里实在是揭不开锅了，无奈弃文从商，做起了生意。娶妻生子之后，就将希望寄于他的几个儿子身上。

蒲槃早些年有过一个儿子，叫兆箕，但是出生不久就夭折了，蒲槃四十岁时，仍旧膝下无子，他只好把弟弟的儿子过继到自己名下，说来也奇怪，自那以后，蒲槃接连生了四个儿子，算上过继来的兄长，蒲松龄排行第四。

据说蒲松龄出生的那天，蒲槃梦见一个病弱的老和尚走进家来，胸前还贴着一块黑色的膏药，等他醒后，发现刚出生的蒲松龄胸前也有一块黑色的胎记，和那个老和尚胸前贴的膏药位置一模一样，于是便戏说，蒲松龄是这老和尚的化身，还给蒲松龄取字"留仙"。我们如果翻开《聊斋志异》，就会发现这个故事被蒲松龄写进了序言里。

蒲松龄五岁那年，明朝灭亡了。江山易主，正是天下大乱的时候，很多人也因为前途渺茫而变得迷惘，但蒲槃却不为心动，他依然执着于蒲家的功名事业，将科考登榜的理想寄托在了几个儿子身上，一边亲自教他们读书识字，一边冒着战乱风险，带着几个孩子外出游览采风。在父亲的影响下，蒲松龄从小也对科举考试极为看重，把科考当成人生最重要的事情之一。不过好在他父亲还经常带他出去旅游，所以科考之外，蒲松龄对山川风物、民间异事也抱有极大的兴趣。如果他没有这个爱好，那他的一生就真的是彻头彻尾的悲凉。

―― 02 ――

蒲松龄十八岁的时候，应父母之命成了亲。十九岁的他第一次参加童子试，不负众望，在县、府、道三次考试中，蒲松龄连续夺魁，顺利成了头名秀才，一时间名声大噪。

蒲松龄本以为自己会一路春风得意，最终进士及第，却没想到这便是自己的巅峰。此后，他的科考路开始一百八十度大反转。二十一岁时，蒲松龄第一次参加乡试，落榜了，三年后他卷土重来，依然落榜。就这样反反复复，在此后的四十多年里，蒲松龄参加了十多次乡试，全部名落孙山。

蒲松龄对科考的执念有多深呢？七十二岁那年，蒲松龄颤巍巍地拖着他年老病衰的身子，又一次踏进了青州乡试的考场，可命运有的时候就是这么冷酷，作为全场考生中年纪最大的一个，他的成绩却依旧不理想。最后连朝廷都看不下去了，给他颁了一个"辛苦奖",当时有一个政策:但凡科考落榜,一直坚持考到七十岁以上还没成功的考生,就可以成为补贡生,类似于补录的考生,蒲松龄刚好满足条件,所以最后他凭借自己这种愚力,得到一个"儒学训导"的虚衔,也算是在科考这件事上对自己有了交代。

可能有人会疑惑,科考五十多年的老"留级生"蒲松龄,为什么初次参加童子试能连续三次夺魁,但后面几十年却考不过一个乡试呢?他到底有没有真才实学?

其实,蒲松龄十九岁中秀才还真是个意外。清朝科举考试实行"八股取士",要求考生必须严格按照排偶文体来阐述"经世致用"的内容,蒲松龄虽然也通晓经世之学,但他却更"雅爱搜神,喜人谈鬼",文章写得天马行空,这一点我们看他的《聊斋志异》就知道了。当年蒲松龄参加童子试的考题是《蚤起》,出自《孟子·离娄下·齐人有一妻一妾》,正确答案应该是写以"齐家、治国、平天下"为主题的八股文,但是蒲松龄在考场上灵感迸发,直接创作了一篇微型小说,这要是按照"八股取士"的原则,蒲松龄肯定会落榜的。但好巧不巧,当时的主考官施闰章是一位相对开放的文人,也是一个极富想象力的人,他在一堆规规矩矩的八股文中看到蒲松龄写的故事,眼前一亮,于是,就给了蒲松龄全场最高分的成绩,事后,施闰章还主动去找蒲松龄,要跟他交朋友。但这种事情绝对是小概率事件,因为在这之后,蒲松龄在科考这件事上的运气就没那么好了。

那我们大概能推测到,蒲松龄之所以考不过乡试,主要原因可能是他的文章写得太个性了,不拘一格,不符合当时八股文的写作规范。而且他性格非常正直,对考场上舞弊、腐败的风气嗤之以鼻,坚决不愿意跟考官们暗通门路。这样一来,蒲松龄到了三十而立的年纪,他在亲友眼中仍旧是一事无成,大家都看不起他,加上之前蒲家几个兄弟分家,蒲松龄由于不善言辞,不精于算计,家产分到他手上所剩无几。所以,中年蒲松龄的日子过得是又艰难又窝囊。

―――― 03 ――――

蒲松龄人到中年,一没功名,二没工作,家里还有妻儿依靠他生活,无奈之下,他只能暂时放弃科考,先找份工作养家糊口。

蒲松龄的第一份工作是在邻村一个大户人家里当"坐馆",就是家庭教师,但由于他只是一个秀才,调皮的学生们当面敬重他,背地里却经常嘲笑他迂腐。蒲松龄也没办法,只能硬着头皮教书,一教就是四年。

四年间,他看着身边的朋友相继金榜题名,自己却依旧还是一个普通的教书先生,内心不免苦闷。他的同窗孙蕙,当时在江苏宝应做知县,听说蒲松龄的境况之后,主动邀请蒲松龄来南方游幕,蒲松龄一听,仿佛抓住改变命运的稻草一般,赶紧辞去教书的工作,欣然南下。蒲松龄先后在宝应、高邮等地做了幕僚,然而,事情远不如他期待得那么美好,因为幕僚不是正式官职,顶多算个编外办事员,所以做幕僚甚至还比不上自己当私塾先生的时候风光。蒲松龄心里也十分清楚,做幕僚不是长久之计,要想出人头地,只能靠科举。

所以,没干多久,蒲松龄还是决定回家靠自己改变命运。回家后的他依然以教书为生,只是教书的同时,他也在苦读,准备着科举考试。但科考跟他似乎"八字不合",他"三年复三年,所望尽虚悬",屡战屡败,屡败屡战,蒲松龄从意气风发的少年,考成一位两鬓斑白的老头,样貌变了,身份却没有变,他还是一个穷秀才,日子过得相当拮据。

有一回,蒲松龄想请朋友来家里吃饭,妻子刘氏翻箱倒柜,只凑出来六文钱,刘氏看着这六文钱唉声叹气,不知如何是好,蒲松龄却不慌不忙,让妻子先去集市上买菜,说他自有办法。妻子跑到集市上东问西问,好不容易找到一个最便宜的摊位,花两文钱买了一把韭菜,又花两文钱买了一团碎豆腐渣,剩下两文钱买了一块冬瓜,钱全花光了回到家。妻子还打算找邻居借点钱来救急,蒲松龄却说不用,说着他走到家门口的柳树下,揪下来一把嫩叶,又从鸡窝里掏出两个鸡蛋,然后笑眯眯地说:"菜齐了。"

妻子看着眼前这堆蔬菜叶子,一头雾水。很快,第一道清炒韭菜就要出锅了,蒲松龄突然把刚才鸡窝里掏出来的两个鸡蛋蛋黄打在韭菜上,说这道菜叫"两个黄鹂鸣翠柳";第二道菜盐焗柳叶,蒲松龄又把剩下的鸡蛋蛋白摆在柳叶周围,说这道菜就叫"一行白鹭上青天";第三道菜清炒碎豆腐渣,蒲松龄给它取名为"窗含西岭千秋雪",一下给豆腐渣赋予了文化内涵;最后一道清汤冬瓜,他让妻子把冬瓜切成小船的形状,正好凑成最后一句"门泊东吴万里船"。这样一桌子清汤寡水,就被蒲松龄捧成了文化盛宴,还极富意境,从这个小插曲可以看出,蒲松龄很擅长苦中作乐。

———— 04 ————

虽然在科举这件事上,蒲松龄确实是没什么大的成就,但他却做了另一件比进士及第还令人震撼的事,那就是创作出我国文言志怪小说的经典之作《聊斋志异》。

说起来有意思,蒲松龄小时候想象力极其丰富,他最爱干的事情,就是拉着小伙伴们,给他们讲狐鬼故事,后来村子里一些胆小的孩子看到蒲松龄来了,都躲得远远的,生怕从他那里听见"狐鬼"之类的东西。

长大后的蒲松龄依旧热衷于离奇怪谈,也开始了自己的文学创作,为了搜集素材,他在自己家门口支了一个茶摊,过往路人不管有没有钱,都能来他这里喝茶,只要讲一个小故事,就可以抵扣茶钱。所以别人家开茶铺,都是掌柜拿着笔在柜台上记账,而蒲松龄也在写,只是他写的是路人的奇闻轶事,是人间百态。

除去这些民间搜集的素材,之前还提到,蒲松龄曾经做过大户人家的家庭教师。那户人家姓毕,毕家是当时的书香门第,世代为官,家中藏书无数,蒲松龄经常在闲暇时间,翻阅唐代传奇小说和六朝志怪小说,学习其中的写作方法,寻找创作素材。所以蒲松龄的小说创作,受唐代传奇和六朝志怪小说的影响很深,《聊斋志异》中有将近一半的故事,都改编自前朝小说,比如《种梨》这一篇,就是蒲松龄根据东晋文学家干宝《搜神记》中的故事改编的,情节近乎一致,但在蒲松龄的妙笔之下,《种梨》更显生动和富有深意。《聊斋志异》中的《罗刹海市》这个故事就创作于毕家的院子里。

四十岁那年,蒲松龄把自己这些年写的故事编纂成集,取名为《聊斋志异》。此书刚一问世,就上了"热搜",当时不管男女老少,几乎人手一册,著名的文学家王士祯看完《聊斋志异》之后,写诗高度评价,说:"姑妄言之姑听之,豆棚瓜架雨如丝。料应厌作人间语,爱听秋坟鬼唱时。"纵然有王士祯这样的大文人力捧,但畅销书作家的名声还是比不上金榜题名,蒲松龄很快又做回了一穷二白的秀才。

《聊斋志异》全书一共有十二卷，约五百个故事，多数都是通过幻想的形式在谈狐说鬼。虽然写的是狐鬼故事，但它的内容却包罗万象，情节变幻莫测，思想主旨极为深刻。他笔下，有敢只身闯庙堂的女子，有明辨善恶、知恩图报的鬼狐，有人与妖之间，感人至深的爱情，还有生与死之间，发人深省的善恶轮回。

蒲松龄曾在他一首名为《感愤》的诗中写道："新闻总入鬼狐史，斗酒难消块磊愁。"这里其实隐约道出了他怀才不遇的忧愤，而这也是他创作《聊斋志异》的目的，借狐鬼讽喻现实，不仅揭露封建制度的黑暗，还抨击科举制度的腐朽。聊斋故事中的狐鬼，生前几乎都有一段悲惨的经历，比如《画皮》里的女鬼，遇到已婚的好色书生王生，逐渐爱上了他，但王生看到女鬼狰狞的模样，立刻找来道士要除掉她。里面很多这样的桥段，小时候读当超现实小说看，长大后再看，会发现里面的女鬼们其实都很可怜，甚至可悲，而人性的阴暗面却比鬼可怕得多。

所以，现代文学家郭沫若曾给予《聊斋志异》"写鬼写妖高人一等，刺贪刺虐入骨三分"的高度评价，老舍也曾赞誉这部小说是"鬼狐有性格，笑骂成文章"。蒲松龄就是通过一个个光怪陆离的故事，写尽人间百态，道破世情人情，将人性的善恶美丑刻画得淋漓尽致。

在蒲松龄眼中，狐鬼同人一样，亦有善恶之分，不过蒲松龄常常赋予狐鬼角色端正纯善的品质和干净透彻的心灵，这也正是蒲松龄在浊世中为自己创造的一方清静天地。一生不得志，看尽世态炎凉的蒲松龄深知，在现实世界中，很难有完美的事，更难有尽善尽美的人，但他仍愿意怀抱真诚的期待，期望在如真似幻的精神世界中，能够不间断地上演超脱世俗的美好。

蒲松龄一生执着于科考，奈何时运不济，屡遭波折，不过蒲松龄有着越挫越勇的气魄，亦有一份苦中作乐的智慧，他在愤慨和失意中发掘创作灵感，乘着想象的快马，将现实的遭际化为盘旋而上的山路，将内心的痛苦留作来时的印迹，驰骋于奇幻而瑰丽的"聊斋"天地，纵使金榜无名，但蒲松龄和他笔下的聊斋故事，早已在中国文学史上留名千古。

吴敬梓：人生南北多歧路

他敢于绝望，
敢于在困顿的生活中，
怀揣勇气去创造自己
真正想要的生活。

―― 01 ――

一个人的一生，只需要留下一部经典，便足以让他留名千古。吴敬梓就是如此，他创作了一部讽刺小说《儒林外史》，一举成为中国讽刺小说的鼻祖，这部小说还被誉为中国第五大名著，鲁迅、胡适、茅盾都对它评价颇高。

康熙四十年（1701年），吴敬梓出生在安徽全椒县的一个官宦家族。吴家在当地是非常有名的豪门望族。吴敬梓曾祖父那一辈，吴家出了四名进士，祖父这一辈，出了两名进士，父亲吴霖起，因为文章写得好，被选中拔贡，相当于保送生。当时人们专门编了一句话来形容他家——"国初以来重科第，鼎盛最数全椒吴"，就是说他们吴家祖祖辈辈，都是科举考试中那颗最耀眼的星星。如果我们有机会去吴敬梓故居，就会看到，在他家大门两边，摆放着四块圆鼓型"旗杆石"，这个东西相当于古代版的荣誉证书，如果家里有人科考高中了，就会在门口摆一个，告诉大家我家有了功名，光宗耀祖了。吴敬梓家门前是摆了一排，是妥妥的"学霸世家"。

生长在这样一个显赫家族的长孙吴敬梓，五岁就进了私塾，从小诗词歌赋样样精通。可惜在吴敬梓十三岁的时候，他的母亲去世了，不久他又被父亲过继到大伯膝下去争家产，十七岁的时候，生父也病逝了，从此吴敬梓的生活发生了天翻地覆的变化。族人们人多势众，提出了分家的要求。在一场争夺遗产的内战中，吴敬梓终以失败告终，留给他的资财寥寥无几。

好在吴敬梓十八岁就中了秀才，出师吉利让吴敬梓对自己的未来充满了信心，他理所当然地认为，自己会像他的祖父辈那样接连中榜，光宗耀祖。二十二岁的时候，他的妻子去世了，二十三岁的时候，继父也去世了，这一年，孤立无援的吴敬梓第一次走进了乡试考场，结果考试失利，落榜了。但这次落榜并没有让吴敬梓太沮丧，反正自己还年轻，落榜就落榜，回去好好复读，三年后再来。三年后他果然再次上了乡试考场，结果还是落榜了。但他依旧坚持不懈，二十九岁的时候，为了保险起见，吴敬梓在正式考试前，先参加了一场模拟考试，模拟考试中，他的文章果然得了第一名，但考官给他的评语却是"文章大好人大怪"。其实我们可以理解，当时吴敬梓的处境是父母、妻子三亡，家产又都被亲戚抢走了，而且乡试三年才考一次，没有经济来源，没有家人的支撑，吴敬梓已经被推到了崩溃的边缘。很快，吴敬梓第三次踏入了乡试考场，这一次他又落榜了！从此，他对人生、对社会的看法也发生了变化。

而更关键的是，这几年期间，吴敬梓将自己分到的那份家产也挥霍完了。当时在秦淮河上，大家都知道有一位吴公子，谁都能花到他的钱。所以，当一无所成、一无所有的吴敬梓回到老家，那些亲戚朋友都骂他是一个没出息的败家子，都排挤他。吴敬梓在当地已经没有容身之处了。

雍正十一年（1733年），吴敬梓变卖了全椒家产，与续弦叶氏搬去了南京，租住在秦淮河畔的白板桥西。到南京之后，吴敬梓完全没有生活来源，他只能靠给别人写文章，靠朋友偶尔接济他一点碎银子，勉强生活。但后来他连给人家写文章的笔和纸都买不起了，所以刚过完冬天，他就把自己和妻子叶氏身上的棉衣脱下来，拿去卖了。

这种挣扎在温饱线上的日子大概过了五六年，吴敬梓三十六岁的时候，安徽巡抚赵国麟举荐他参加乾隆皇帝亲设的"博学鸿词科廷试"，吴敬梓听到这个消息，内心又燃起了希望之光。天无绝人之路，他非常轻松地通过了地方的初试，但好巧不巧，就在最后廷试前，他生病了，无缘参加考试！这对吴敬梓来说是致命一击，他突然意识到，可能不是自己不努力，而是命运无法强求。也就是从那天起，吴敬梓立誓与科考决裂，从那之后，他再也没有参加过任何入仕考试，而是流落市井，开始写他的《儒林外史》。

吴敬梓晚年生活困顿，已经到了"囊无一钱守，腹作千雷鸣"的地步，身无分文，几天吃不上一顿饱饭。一到冬天，他实在冷得不行了，就跟朋友一起去围着城墙跑步，一边跑一边唱歌，他称这项运动为"暖足"。

―― 02 ――

乾隆十五年（1750年），吴敬梓花了十多年创作的长篇讽刺小说《儒林外史》大体写完了。

在《儒林外史》里，吴敬梓塑造了很多知识分子的形象，这些人几乎都是深受"八股文"毒害的儒生，吴敬梓用幽默、精妙、委婉的语言，讲着最讽刺、最悲凉的故事，比如我们熟悉的《范进中举》。

《儒林外史》作为开创我国讽刺小说的先河，它通过一个个令人啼笑皆非的小故事，来揭示封建礼教的愚昧、八股制度的腐朽，更揭露社会的黑暗和人性的丑恶，具有划时代意义。鲁迅先生曾评价《儒林外史》是"戚而能谐，婉而多讽"。

而吴敬梓，就像他《儒林外史》中的人物一样，命途跌宕，结局潦草。乾隆十九年（1754年），五十四岁的吴敬梓客游江苏扬州，晚上大家一起聚餐，吴敬梓多喝了几杯酒就醉了，开始朗诵唐朝张祜的《纵游淮南》："十里长街市井连，月明桥上看神仙。人生只合扬州死，禅智山光好墓田。"这首诗大意就是人活一世要死就应该死在扬州,看禅智山那美好的景色,实在是死后墓地的最佳所在。当时大家看吴敬梓在耍酒疯,都没往心里去,没想到几天后,吴敬梓出意外了。他因为一口痰卡在喉咙里出不来,最后就猝死在扬州的小客栈里。吴敬梓有多可怜呢?他去世后,家里拿不出一点钱来办后事,还是好朋友们集资安葬的他。

吴敬梓从一个富家贵公子,最后沦落成食不果腹的饿殍,我估计他没有想到,自己的人生竟然如此反转;他更没有想到的是,自己当时用草纸写下的《儒林外史》,会在三百多年后的今天让他扬名立万。

吴敬梓在《儒林外史》开篇,他说:

人生南北多歧路,将相神仙,也要凡人做。百代兴亡朝复暮,江风吹倒前朝树。功名富贵无凭据,费尽心情,总把流光误。浊酒三杯沉醉去,水流花谢知何处。

意思是:人生就是一个又一个分岔路口,无论是将相还是神仙,都得从凡人做起。历史的兴亡、朝代的更迭,都是岁月的无情和世事的变迁。人们都费尽心思去追求功名富贵,却误了光阴。不如几杯浊酒,沉醉其中。然而酒醒之后,水流花谢,人亦不知所归。

我们看,从"人生南北多歧路"到"费尽心情,总把流光误",这是人到中年,历经了生活捶打后的吴敬梓发出的肺腑之言。在社会上摸爬滚打十多年,一事无成的他,只觉得时光匆匆。写《儒林外史》的时候,吴敬梓已经经历了家道中落,经历了族人争夺家产的闹剧,经历了因病而错过重大考试,最终对仕途绝望。他散尽家财,举家从安徽全椒搬到南京的秦淮河畔,从此大隐隐于市,以卖文为生。所以当他说"功名富贵无凭据"的时候,是放弃了科举,放弃别人眼中的大好前程,决定只为自己的情志而活了。

可以说,吴敬梓是带着绝望和悲凉写的《儒林外史》。他在书中借名士迟衡山之口,决绝地说出"讲学问的只讲学问,不必问功名;讲功名的只讲功名,不必问学问"。吴敬梓认为做学问和功名利禄是截然不同的两条路,必须做出一种选择,而他的选择就是坚定地走向隐逸市井的文学之路,彻底与科举、功名、富贵告别了。

世间安得双全法,很多人往往是既负自己又负卿,乱七八糟地活,稀里糊涂地死,很多人之所以烦恼,是因为经常幻想鱼和熊掌能兼得,最终发现,一切得与失,都是竹篮打水一场空。

―――― 03 ――――

吴敬梓主动隐于市井的选择和陶渊明的归园田居是一样的,起手都没有那么悠然,一贫如洗,以卖文为生。李白说的"千金散尽还复来",只是诗歌,现实的人生往往是,那些负债累累的人没有几个能翻身。吴敬梓被家族人嘲笑为"败家子",却被后世推崇为精神贵族,且不说他生活作风,单凭他那种顺从本性而活的生活态度,就颇有老庄遗风,也像极了阮籍、嵇康、刘伶那一派的魏晋名士——魏晋风流,就是个人的解放与畅快。

吴敬梓和曹雪芹也很像,他们都是从豪门坠入贫门,那份落差可想而知。吴敬梓写《儒林外史》其实就是在写他自己,写他的生存遭遇,写他的愤懑、不甘与人生兴亡之感。所以《儒林外史》开篇写勇于避世、不折腰事权贵的王冕,中间写散尽家财也要祭奠先贤的才子杜少卿,结尾写痴迷琴棋书画、敢于活出自己的市井四奇人。这些人实际上都是吴敬梓所推崇的读书人的活法。而他讽刺的"范进中举"就是自己所鄙视的活法。

《儒林外史》中的王冕、杜少卿等都是吴敬梓树立的读书人的榜样,特别是他在《儒林外史》的结尾处刻画的四个奇人,他们分别是寄居寺庙的季遐年,卖火纸筒子的王太,开茶馆的盖宽以及裁缝荆元,他们这四个人分别痴迷于书、棋、画、琴,而且都是靠小手艺和小生意来养活自己。他们既是最普通的底层民众,也都是自食其力的读书人,凡事不求人,不攀附权贵,能够始终做自己喜欢的事,自得其乐。吴敬梓把他们看作第一流的理想人物,称他们为"市井奇人",吴敬梓把他们四个安排在全书的结尾,实际上是暗示知识分子,给他们指明了一条出路:无论做什么职业,再低微都不要紧,"自食其力不为贪,贩花为业不为俗",只要能自食其力,大老爷们儿去街上卖花,也不俗气。

其实,读书人不能养活自己,是一种悲哀。

吴敬梓的好朋友程晋芳在《怀人诗》中感慨:"吾为斯人悲,竟以稗说传。"意思就是,他为吴敬梓感到悲哀,竟然以一部讲野史和民间传说的小说被世人传颂,而吴敬梓真正的才华与智慧,又何止于写写小说。

但正是这样的吴敬梓,他在《儒林外史》中写的最后一句话是:"从今后,伴药炉经卷,自礼空王。"这句话特别令人震撼:从今往后,我只要几册书,几个药炉,就可以礼佛了。自古以来,走自己的路,从来都是需要莫大的勇气的!当吴敬梓决定以药炉和书籍为伴礼佛的时候,他那满肚子的真学问,恐怕也只能在荒村野店和路过的行人们随缘聊聊了。

"不惜歌者苦,但伤知音稀。"寂寞的吴敬梓,寂寞的《儒林外史》,永远在等待他的知音。所以一生孤傲的吴敬梓为什么是精神贵族?因为他敢于绝望,敢于在困顿的生活中,怀揣勇气去创造自己真正想要的生活。

回望吴敬梓的一生,他过的是两种人生,他是文学将相,也是落魄凡人,是富二代,也是败家子。但可贵的是,不管处在哪种人生,吴敬梓始终以平视的角度,看着这人世间的悲欢离合。吴敬梓将生活给他的痛击,升华为一种自觉的反思和反抗,我想这就是《儒林外史》背后的深意，也是吴敬梓被胡适称为"安徽的第一个大文豪"的真正原因吧。

纳兰性德：我是人间惆怅客

人生若只如初见，何事秋风悲画扇
——世间万物变幻无常，
唯有"若"字，最难成真。

―― 01 ――

公元1655年，纳兰性德出生在清朝的一个贵族家庭，纳兰氏以叶赫那拉为姓，属满洲正黄旗，是清朝八旗中的上三旗之一，地位相当尊贵。纳兰氏早年随清入关，立有功勋，世代诗礼簪缨。纳兰性德的父亲纳兰明珠，是武英殿大学士，主持朝政数年，后来又加任太子太傅、晋太子少师，是康熙时期妥妥的重臣。纳兰性德的母亲爱新觉罗氏，是清太祖努尔哈赤的孙女，后来被封为一等诰命夫人。而顺治皇帝也是努尔哈赤的孙子，所以，顺治皇帝和纳兰性德的母亲是表兄妹的关系，因此，含着金钥匙出生的纳兰性德，算起来，和康熙皇帝也是表兄弟的关系。

纳兰性德是纳兰明珠的嫡长子，本来他叫纳兰成德，当时的太子叫"保成"，为避太子讳，他就改名为"性德"，字容若。纳兰性德从小饱读诗书，天资聪颖，读书过目不忘，十一二岁时就已经文采斐然，能够出口成章，而且善六艺。

纳兰性德十四岁时，骑射技艺在京城贵族子弟中相当拔尖。他十七岁入太学，十八岁参加顺天府壬子科乡试，一次就考中了举人；十九岁参加会试，一次登第，成为贡士；二十二岁在康熙帝殿试中，高中二甲第七名，赐进士出身。

康熙皇帝非常器重他这位兄弟，封纳兰性德为三等侍卫，后来晋升为一等侍卫，武职正三品，别看侍卫一职听起来不太气派，正三品的官衔也不算太高，但是在清朝初年，能够在宫里当侍卫，是件非常荣耀的事，因为御前侍卫与皇帝朝夕相伴，倘若能够受到皇帝赏识，必有大好前程，而且为安全起见，当时规定只有八旗中出类拔萃的子弟，才有参选御前侍卫的资格，普通人家连机会都没有，因此，当时八旗世家都争着将自家子弟送入宫中伴驾。

―― 02 ――

在入宫这件事上，纳兰性德应该是幸运的，他在给好友顾贞观的信中曾提道："日睹龙颜之近，时亲天语之温，臣子光荣，于斯至矣。"什么意思呢？就是他作为康熙的贴身保镖，两人关系多密切呢？连皇帝说话哈出来的气，他都能感觉到是温温的。何等荣光！当然，也由此可见，康熙皇帝对纳兰性德的特殊关照，当时还流传着"近臣无如容若者"的说法，所以纳兰性德因为极度受宠，在朝中颇有名声。

对于纳兰性德来说，他虽然感念康熙对自己的恩情，但并不情愿做御前侍卫。赵秀亭的《纳兰性德行年录》记载："初及第，有从戎意，不得；又期入馆选，仍不得。天意难测，中颇怏怏。最后任侍卫，实非其愿。"那他的愿望是什么呢？驰骋沙场，参军报国。他在《蝶恋花·出塞》中说：

今古河山无定据，画角声中，牧马频来去。满目荒凉谁可语？西风吹老丹枫树。

从前幽怨应无数？铁马金戈，青冢黄昏路。一往情深深几许？深山夕照深秋雨。

在这首词里，纳兰性德说："江山兴旺变迁，自古就没有定数。在战场留下的满目荒凉，却没有人能和我交谈。秋风凋零了枫树，边塞的幽怨是无穷无尽的。过去金戈铁马的战场，如今却是夕阳下的荒冢。我们常说一往情深，到底有多深呢？就像夕阳斜照下，深山里连绵的秋雨。"这是纳兰性德跟随康熙帝出塞之作，我们其实可以从"铁马金戈、青冢"这些词中发现他的悲悯。纳兰性德虽然没有亲身上战场的体验，但能用共情的心理去描绘自己所见到的景色，这正是因为他的心里有战场。纳兰性德作为一名武将，也很想上阵杀敌，为国效忠。怎奈他的使命却是做皇帝的一名侍从，对于这一点，纳兰性德是很失望的，他并不满足于只是去保护另一个男人，他也希望能够像大将军一样在沙场上浴血奋战，所以才会觉得"满目荒凉谁可语",幽怨无人诉,关键是诉说了也没用。

这里的"青冢",有人说纳兰性德是引用了昭君出塞的典故,因为王昭君的坟墓背靠大青山,又被称作"青冢"。王昭君当年背负着朝廷使命嫁到匈奴,在她的努力下,匈奴与汉朝维护了长达六十年的和平。但就王昭君个人来说,她若不是被逼到了绝路,觉得在汉宫里没有立足之地,又怎会背井离乡呢?她心中的幽怨又有谁能理解呢?

纳兰性德虽然没有亲身经历过战争的惨烈,但他站在过去战士们厮杀、奋战的地方,立刻思绪万千。"一将功成万骨枯",帝王将相的成功,向来都是将士们的白骨堆成的。但成就功名之后,谁又会去想起这些为他们拼过命的士兵们呢?所以这首词,不仅是描写边塞的景象,更是抒发纳兰性德的理想,以及他悲天悯人的情怀。

那他为什么不能上战场呢?其中的原因就比较复杂了,不管是出于家族对他的保护,还是出于康熙帝对纳兰氏的忌惮,出身满族正黄旗的纳兰性德,注定是没有机会驰骋疆场的。纳兰明珠本身是朝廷重臣,如果他儿子还有军功,那很可能就会引起皇帝的忌惮。所以,当侍卫不过是退而求其次的选择。但是纳兰性德也没有懈怠公务,他行事谨慎圆满,对康熙忠心耿耿,在做御前侍卫的这些年,他陪着康熙游巡大江南北,京畿、汤泉、马兰峪、山海关、五台山、江南等,但他却觉得这样的生活索然无味。直到有一次,纳兰性德接到一个北赴梭龙探查敌情的任务。而这也是他离战场梦想最近的一次。

梭龙就是索伦部，索伦部是多个民族的合称，包括现代的鄂温克、达斡尔和鄂伦春等民族。梭龙地处黑龙江上游，是满族的一个分支，当年三藩叛乱时，沙俄趁机南下，夺取了部分城池，为了打击沙俄的势力，清政府费尽心思，做了大量的准备工作，不过要想做到"知己知彼，百战百胜"，还需要深入敌营，实地考察，搜集关键信息。于是朝廷就组建了一支一百多人的队伍，打着行猎的名号，前往沙俄军队的驻扎一线去探查虚实。这次任务的危险系数可想而知，稍有不慎，被沙俄军队发现异样，性命难保。所以，征军告示一贴出来，朝中大臣、贵族子弟，几乎没有人愿意去做领队，唯有纳兰性德欣然前往，就因为他心里一直有一个征战沙场的将军梦。纳兰性德非常珍惜这次机会，在几次危险的探查行动中，他都冲在前面。其实他内心一直暗自抱有期待，希望康熙皇帝能够发现他领兵打仗的潜力，给他戍边报国的机会。但是现实往往事与愿违，任务结束回宫后，纳兰性德并没有获得事业上的转机，他还是从前那个御前小侍卫。

康熙二十一年（1682年），纳兰性德随康熙出关东巡，途经山海关时，正好赶上风雪交加的极寒天气，大部队难以前进，只能暂时驻扎在山海关附近，面对漫天而来的狂风暴雪，纳兰性德怀着一腔惆怅，写下了一首《长相思》：

山一程，水一程，身向榆关那畔行，夜深千帐灯。

风一更，雪一更，聒碎乡心梦不成，故园无此声。

字里行间都是对故乡的眷恋和思念，这首《长相思》与一般的边塞诗不同，少了几分雄壮，又多了几分细腻和婉转，但也许只有写词人自己知道，这乡愁之中，埋藏了多少理想难以实现的悲凉。

——— 03 ———

说起纳兰性德的朋友圈，用他好朋友的话来说，就是"君所交游者，皆一时俊异，于世所称落落难合者"，比如朱彝尊、陈维崧、严绳孙、姜宸英、梁佩兰、秦松龄、马云翎等，这些人大多数都比纳兰性德年长，也都几乎怀才不遇，但同时这些人又志趣相投，相似的境遇让他们彼此惺惺相惜，因此交情颇深。在这群好友之中，纳兰性德的出身应该是最高贵的，但他并不以此为傲，反而觉得自己更像是"人间惆怅客"，而不是"人间富贵花"。所以，功名利禄并非他心中所求，如果不能征战疆场为国捐躯，那不如归隐平淡，朴素生活。

康熙十五年（1676年），纳兰明珠请当时在坊间享有盛名的"第一飘零词客"顾贞观，来学士府开馆授课。顾贞观早年中举，后来在官场受排挤回乡隐居，由于他诗词写得很好，所以也是名声在外。当四十岁的顾贞观第一次见到比他小十八岁的纳兰性德时，就被他淡泊的性格和风流蕴藉的才情所吸引，相处下来，两人很快就成了亦师亦友的莫逆之交。他们一个是出身名门的贵族公子，一个是家道中落的失意才子，然而身份境遇的截然不同，却应了那句"金风玉露一相逢，便胜却人间无数"，在两人你来我往的吟诗唱和中，谱写了一段友谊佳话。

―― 04 ――

纳兰性德虽出身人人梦寐以求的显赫门第，但这也成了他的牢笼，不仅自己的事业求之不得，就连爱情，他也是爱而不得。

相传，纳兰性德年少时遇到过一位"白月光"，是他的表妹，叫惠儿，惠儿是纳兰明珠的外甥女，与纳兰性德自小青梅竹马，相知相许。但两人地位的差距注定这是一段没有结局的爱恋，惠儿十五岁的时候选秀进了宫，成了皇帝的女人。宫门一入深似海，从此萧郎是路人。隔着紫禁城的墙，两人天各一方。惠儿离开以后，纳兰性德很长一段时间都处于消沉状态，他写下一首《画堂春·一生一代一双人》来纪念这场无果而终的爱情：

一生一代一双人，争教两处销魂。

相思相望不相亲，天为谁春？

浆向蓝桥易乞，药成碧海难奔。

若容相访饮牛津，相对忘贫。

意思是：明明是一生一世，天作之合，却偏偏不能在一起，两地分隔。这一年一年的春色，真不知都是为谁而来？如果能够像牛郎织女一样，渡过天河相聚，即使抛弃荣华富贵我也心甘情愿。

历史上还有一种说法，说这首诗实际上是纳兰性德写给自己亡妻卢氏的悼亡诗，因为正史中并没有记载这位惠儿表妹的存在。但抛开表妹不说，纳兰性德的婚姻也是不幸的。二十岁那年，纳兰性德接受家族的安排，跟两广总督卢兴祖的女儿卢氏成婚了。原以为包办婚姻并不能如愿，但令纳兰性德没有想到的是，卢氏性格温婉，蕙质兰心，是个饱读诗书的女子。卢氏还非常聪明，善于察言观色，又能妙语连珠，以会心的话语宽慰自己，这是多么可遇而不可求的天赐良缘！没多久，纳兰性德便对卢氏产生了真挚的情感。

其实，古代的包办婚姻就像"开盲盒"一样，纳兰性德能够娶到这样一位与他心意相契的妻子，算是极佳的运气。但好景不长，夫妻俩恩爱不过三年，卢氏在生下嫡子后就患病去世了。面对爱妻的突然离去，纳兰性德悲痛不已，他甚至将妻子的灵柩停放在双林禅院，长达一年零两个月，迟迟不肯下葬。之后他无论去到哪里，都随身携带着亡妻的遗物，想象着自己的爱妻还在身边。

纳兰性德一生写了四十多首悼亡词，大多数都是悼念亡妻卢氏。其中最著名的一首是《浣溪沙·谁念西风独自凉》：

谁念西风独自凉，萧萧黄叶闭疏窗，沉思往事立残阳。

被酒莫惊春睡重，赌书消得泼茶香，当时只道是寻常。

在这首词中，纳兰性德看着秋风萧瑟，落叶如雨，他顿时内心酸苦，往事种种涌上心头。可现实却是再寻常的往事也不能再现，亡妻也不可复生，颇有一种李商隐的"此情可待成追忆，只是当时已惘然"的惆怅之感。

三年后，纳兰性德在家人的催促下又续弦了第二任妻子官氏，可惜他这一次就没有那么幸运了，他和官氏的婚后生活并不和睦，官氏性格泼辣，行事风风火火，与善解人意的卢氏完全不同。痛失爱人和现在婚姻的不幸，让纳兰性德对爱情已经不抱任何期待。

然而，世事总是令人难料，纳兰性德三十岁的时候又邂逅了江南才女沈宛，沈宛出众的样貌，温婉的性格，以及她的满腹才华，让纳兰性德对她一见倾心。可是沈宛不是旗人，并且还是一位风尘女子，所以纳兰性德和她之间的爱情遭到了父亲纳兰明珠的明确反对。爱情至上的纳兰性德怎么会妥协呢？他在外面置办了房子,坚定地与沈宛同住在一起。但人或许真的会情深不寿吧,半年后,纳兰性德因为长期内心忧思,突发急症,不治而亡,而这一年他才三十一岁。

纳兰性德的一生虽然短暂,但他的爱情故事却让人感受到了他对爱的执着和深情。他在《木兰花·拟古决绝词柬友》中说:

> 人生若只如初见,何事秋风悲画扇。
> 等闲变却故人心,却道故人心易变。
> 骊山语罢清宵半,泪雨霖铃终不怨。
> 何如薄幸锦衣郎,比翼连枝当日愿。

多美好的句子。若人生只如初见,记忆中只留下初见时的纯真与明媚,那该多美好,那样就不会有离别相思之苦了。可惜,蓦然回首,早已是曾经沧海、物是人非。

―――― 05 ――――

纳兰性德一生所作的词作数量并不多,但每一首都以"真"取胜,他写景逼真传神,写情真挚浓烈,比如:"我是人间惆怅客,知君何事泪纵横。断肠声里忆平生。"

他的词风清新隽秀、哀感顽艳，读起来颇有点南唐后主李煜的影子。但后世也有人对纳兰性德的词持不同看法，认为他已经拥有了富贵、名声和才华，但他的词作中还总是充斥着愁苦和哀情，这似乎是一种无病呻吟。

对此，当代学者李泽厚先生表示："纳兰性德对人生的忧患、厌倦与感伤，正是对这个没有斗争、没有激情、没有前景的时代和社会的警觉，对表面繁荣平静、实际开始颓唐没落的命运的哀叹。"他笔下的愁和心中的苦，都是出于他在喧嚣、纷扰中对自我的坚守，对人生理想的执着，以及对世间美好的渴求。

纳兰性德出生于纳兰家族的鼎盛时期，他的父亲纳兰明珠几乎一路官运亨通，但纳兰性德却时常感慨"荣华及三春，常恐秋节至"，他的愁思其实是具有预见性的。虽然纳兰一族在清朝根基深厚，是出了名的望族，但俗话说"花无百日红"，就在纳兰性德去世不久后，纳兰明珠就因为结党营私、独揽大权，触怒了康熙皇帝，那康熙帝毫不犹豫地罢免了他的大学士的职位，被罢黜的纳兰明珠，于康熙四十七年（1708年）含恨离世。而纳兰明珠的妹妹惠妃，也因为帮自己的儿子参与"九子夺嫡"，被终身囚禁。纳兰性德的两位弟弟揆叙和揆方，因为在"九子夺嫡"中选择了八爷一党，而受到雍正忌惮，雍正登基后，两人的仕途算是走到了尽头，整个雍正一朝都没有受到重用。从这一角度来说，纳兰性德的词风，可以说是在安逸祥和的盛世中，始终保持了一份独到的清醒和洞察力。

纳兰性德曾在给好友严绳孙的信中,诉说自己的怀才不遇:"我今落拓何所止,一事无成已如此。平生纵有英雄血,无由一溅荆江水。"你看我现在落魄不定,一事无成已经到了这种地步。虽然我一生充满热血,但没有机会让我驰骋疆场。顾贞观也曾慨叹:"吾哥所欲试之才,百不一展;所欲建之业,百不一副;所欲遂之愿,百不一酬;所欲言之情,百不一吐。实造物之有靳乎斯人,而并无由毕达之君父者也。"命运赐予了纳兰性德尊贵的身世,让他才华横溢,文武双全,但同时也让他的鸿鹄之志如水中泡影,他想归隐乡野,过自由的生活,却始终无法越过紫禁城的高墙,他想与心爱之人相守一生,却饱尝了世间的离别之苦。"唾手可得"和"遥不可及"或许从来不是相对而存的,至少在纳兰性德这里,无论"得到"还是"失去",悄然留下的,皆是遗憾。

就像纳兰性德那句"人生若只如初见,何事秋风悲画扇"一样,世间万物变幻无常,唯有"若"字,最难成真。

况周颐在《蕙风词话》中称赞纳兰性德是"国初第一词手",王国维在《人间词话》中给予纳兰性德"北宋以来,一人而已"的高度评价。纳兰性德一生就仿佛一颗流星,划过日益阑珊的清王朝的夜空,在短暂的闪烁过后,坠入了烟波浩渺的汪洋之中,直至今日,那水面依旧泛浮着婉转的涟漪。

龚自珍：
狂狷之士，未竟的忧国之梦

他是有遗憾的，但他唯一能做的，

也做到了的，

就是：如果不能兼济天下，

那我至少独善其身。

―― 01 ――

公元1792年,龚自珍出生在杭州西子湖畔的一个书香门第,他的祖父、伯祖父、父亲都是进士,外祖父段玉裁是当时著名的经学家和文学家,母亲也饱读诗书。

在这种良好的家庭氛围中,龚自珍自幼便展现出过人的才华和敏锐的观察力。他八岁读《文选》,十二岁跟着外祖父学《说文解字》,十三岁的时候,他写了一篇名为《辩知觉》的文章,在文章里他说:"知与觉何所辩也?……知,就事而言也;觉,就心而言也。"很难想象一位十三岁的少年会有这么深刻的哲学思辨,正因如此,龚家对龚自珍的未来满怀期待。

十九岁那年,龚自珍信心满满地踏上了乡试考场,却让人大跌眼镜,他只考了副榜第二十八名,通俗来说,就是没有中举,乡试失败了。龚自珍回家后继续备考,三年之后卷土重来,结果又失败了。这次不仅乡试失败,在他考试期间,他的发妻段美贞得了重病,等龚自珍赶回家,妻子已经离世,他连妻子最后一面都没有见到。

年仅二十二岁的龚自珍，在落榜和丧偶的双重打击下，写下一首伤秋词《咏牵牛花》：

阑干斜倚，碧琉璃样轻花缀。惨绿模糊，瑟瑟凉痕欲晕初。

秋期此度，秋星淡到无寻处。宿露休搓，恐是天孙别泪多。

这首词上阕写牵牛花刚开就要枯萎的惨淡模样，下阕将秋夜的凄凉、星星的黯淡、露水的冰冷与织女的泪水巧妙地联系在一起，形成了一幅凄美动人的秋夜图景。这首词的最后一句"宿露休搓，恐是天孙别泪多"，意思是夜晚的露水就不要去搓揉了，这恐怕是天上的织女因为与牛郎分别，而流下的泪水。整首词从花的枯萎，写到秋夜的凄凉景象，并联系到牛郎和织女的神话故事，连天上的织女都因为离别而泪流满面，更何况自己这个孤独又迷茫的人呢？

说到写词，大家可能会疑惑，从小文采斐然的龚自珍，为什么屡次连乡试都通不过呢？因为龚自珍有一个大缺点，就是字写得极其潦草。小时候他还虚心地练一练，后来到了叛逆的年纪，直接就放飞自我了，年少轻狂的龚自珍，把自己这"一手烂字"当成个性，干脆不练了。所以他考试失败，很大原因就是吃了卷面潦草的亏。

龚自珍二十七岁的时候，朝廷举行恩科考试，这也是他第四次参加乡试了，好在这一次他终于成功，以第四名的成绩中了举人。这让龚自珍觉得功夫不负有心人，自己总算是时来运转了。于是在第二年，他乘胜追击，参加了会试，结果又让人大跌眼镜，他又落榜了。此后的七年里，龚自珍屡战屡败，屡败屡战，又连续落榜了四次，其间他的母亲病逝了，龚自珍扶着母亲的灵柩回杭州安葬，内心很伤感，自己早已过而立之年，却没能让母亲看到自己建功立业，这是他一生最大的遗憾。

所以科考也就成了龚自珍的执念，三十八岁那年，他第六次踏入了会试考场。这一次终于上榜了。皇帝殿试时，龚自珍仿效自己偶像王安石的《上仁宗皇帝言世书》，写了一篇《对策》，引经据典，就"宣防、选举、控制"等国策，提出了自己的主张。文章洋洋洒洒一千多字，当时文章里的观点艳惊四座，但是当时的主考官曹振镛，却以"楷法不中程，不列优等"为理由，把龚自珍列为三甲第十九名。所以，龚大人最后还是吃了字迹潦草的亏。字如其人，练好字很重要。

—— 02 ——

中进士后，龚自珍得到一个内阁中书的职位，从七品。但龚自珍的性格，就如他所写的"我劝天公重抖擞，不拘一格降人才"一样，耿直、桀骜不驯，所以他的仕途并不顺遂，他经常言语激烈地讽刺时事，毫不避讳，也由此得罪了许多权贵，同事们都排挤他，甚至有一次，他因为"不合时宜"的直言进谏，被扣了一年的俸禄。

龚自珍在愤懑、失落之余，也越来越讨厌官场的黑暗和腐朽。当时鸦片盛行，但凡身上有点银子的人，不论男女都沾上了鸦片。龚自珍非常痛恨鸦片，也深知鸦片的危害，正好当时他在职场处处受人排挤，所以萌生了暂时离开朝堂，跟着好朋友林则徐去虎门销烟的想法，他还写下《送钦差大臣侯官林公序》，为林则徐的禁烟运动呐喊助威。

但是在林则徐看来，龚自珍并不是一个合格的战斗伙伴。首先禁烟任务很艰难，而且危险性极大，他需要的是有实战经验，有执行力的人。而龚自珍虽然对禁烟运动非常积极，并在诗文中呐喊助威，但他毕竟是个文人，在执行具体任务的时候，可能并不符合林则徐的要求。其次，从政治角度来考虑，龚自珍虽然才华横溢，但在政治上并未得到当权者的重视，反而遭到排挤和打压，让龚自珍参与禁烟行动，可能会给整个行动带来不必要的政治麻烦。最后，龚自珍是林则徐的好朋友，我想他也不希望自己手无缚鸡之力的朋友去送命。所以当龚自珍对林则徐表露心迹之后，林则徐并没有邀他同行。失望之后，龚自珍只好另找机会离开官场，不久后,他的一个叔父升官去了礼部,龚自珍赶紧就着亲属要回避的规定,主动辞官回乡了。

―――― 03 ――――

由于辞官回乡走得匆忙,龚自珍一个人只雇了两辆马车,其中一辆装了满满一车书,就向着老家杭州出发了。一路上,龚自珍走走停停,他把南下途中所见所闻,所思所感都写成了诗。这些诗一共有三百一十五首,因为那一年是己亥年(1839年),所以这三百一十五首诗,龚自珍全部题为《己亥杂诗》。因为这组诗作,龚自珍还被中国近代诗人柳亚子称为"三百年来诗文第一流"。

在这三百一十五首诗中,我们最熟悉的应该就是第五首:

浩荡离愁白日斜,吟鞭东指即天涯。
落红不是无情物,化作春泥更护花。

什么意思呢?就是此刻我走在离京的归途,心里的愁绪就像落日一般延伸到天涯。"落红不是无情物,化作春泥更护花。"在古人眼中,"落花"多是一种"伤春"的意象,春天要过去了,花要凋零了，代表事物的衰败，或者时光流逝。但龚自珍在这首诗里却比较豁达，虽然花凋零了，但它们能够化为春泥，发挥新的生命价值，这也是龚自珍对自己的安慰和勉励。

我们要知道，龚自珍之所以退出朝堂，当然不是真心想退休，否则自己多年的科考是为何求？他的离开，是对朝廷的失望，以及对自己人微言轻的无可奈何。

当他一路往南，路过江苏镇江的时候，正好遇到当地人做法事求雨，道士就请他题诗，龚自珍大笔一挥，写下了第一百二十五首《己亥杂诗》：

九州生气恃风雷，万马齐喑究可哀。
我劝天公重抖擞，不拘一格降人才。

这首诗写得很通俗，我们可以从他豪迈、激烈的情绪中，读解到他对天下贤才的渴望，对国家重视人才的呼吁。

与古代众多怀才不遇的文人墨客一样，龚自珍的"悲"其实充斥着时代的悲剧底色。十九世纪三四十年代，清王朝已陷入累卵之危，龚自珍洞察到黑暗即将来临，他曾高声呐喊，却无人应答，官场的黑暗，让他步履维艰。所以他只好把自己的愤怒、不满、压力，都转为笔下功夫，写出很多针砭时弊、警示世人的诗词佳句。

为了抨击文字狱，他说："避席畏闻文字狱，著书都为稻粱谋。"

为了讽刺没有羞耻心的士人,他说:"士皆知有耻,则国家永无耻矣;士不知耻,为国之大耻。"龚自珍甚至还专门写了一篇《病梅馆记》,用病梅来讽刺愚昧落后的封建制度和酸腐的文人。他说:"梅以曲为美,直则无姿;以欹为美,正则无景;梅以疏为美,密则无态。"一句话,人的价值观都畸形了,整个社会都病了。

回到家乡后次年,鸦片战争爆发。1841年,他本来打算辞掉丹阳云阳书院讲席去上海参加反侵略战斗,却没想到一场急病让他溘然长逝,享年四十九岁。

—— 04 ——

很多人说,龚自珍一辈子很悲惨,他早年丧妻,中年丧母,一共才活了四十九年,科考就花费了快二十年。但我觉得不能简单地用"悲剧"来概括他的人生。龚自珍少年心怀"匡扶天下"的真诚愿望,奈何十几年光阴虚度,但他并没有因此沉寂,他一直在用自己的思想才学,积极探求变革之路,他提出"通经致用",号召士大夫们从传统的纸堆中走出来,将学问与时事相互结合,关心百姓安危和国家兴亡。

正因为龚自珍走在时代的前端,他注定会遭到最激烈的抨击。就像梁启超先生曾说的:"晚清思想之解放,自珍确与有功焉。"

龚自珍一生，身处浊世却始终保持着清醒和反思精神，从"一箫一剑平生意"的狂妄不羁，到"剑气箫心一例消"的沉郁惆怅，没能救当时社会于水火，龚自珍是有遗憾的，但他唯一能做的，也做到了的，就是：如果不能兼济天下，那我至少独善其身。

（全书完）

星河落人间

作者 _ 何楚涵

产品经理 _ 王宇晴　装帧设计 _ Monocolour　物料设计 _ 于欣　产品总监 _ 岳爱华
技术编辑 _ 顾逸飞　责任印制 _ 刘淼　出品人 _ 王誉

营销团队 _ 毛婷　石敏　礼佳怡

鸣谢

一草

果麦
www.guomai.cn

以 微 小 的 力 量 推 动 文 明

图书在版编目（CIP）数据

星河落人间 / 何楚涵著 . -- 南京：江苏凤凰文艺出版社, 2024.6
　　ISBN 978-7-5594-8682-0

Ⅰ.①星… Ⅱ.①何… Ⅲ.①文人 – 列传 – 中国 – 古代 Ⅳ.① K825.4

中国国家版本馆 CIP 数据核字 (2024) 第 098278 号

星河落人间
何楚涵 著

出 版 人	张在健
责任编辑	白　涵
特约编辑	王宇晴
出版发行	江苏凤凰文艺出版社
	南京市中央路 165 号，邮编：210009
网　　址	http://www.jswenyi.com
印　　刷	天津丰富彩艺印刷有限公司
开　　本	1230 毫米 × 880 毫米　1/32
印　　张	10
字　　数	188 千字
版　　次	2024 年 6 月第 1 版
印　　次	2024 年 6 月第 1 次印刷
印　　数	1 — 35,000
书　　号	ISBN 978-7-5594-8682-0
定　　价	68.00 元

江苏凤凰文艺版图书凡印刷、装订错误，可向出版社调换，联系电话：025-83280257